Fille de la DDASS

© Photo de couverture : Martine Béguet

Ouvrage réalisé par L'énergie de la plume – 2024

Le Code de la propriété intellectuelle interdit les copies ou reproductions destinées à une utilisation collective. Toute représentation ou reproduction intégrale ou partielle faite par quelque procédé que ce soit, sans le consentement de l'Auteur ou de ses ayants cause est illicite et constitue une contrefaçon sanctionnée par les articles L335-2 et suivants du Code de la propriété intellectuelle.

Fille de la DDASS

Martine Béguet

Chapitre 1 - Mon père

Mon frère, mes sœurs et moi avons été placés dès notre plus jeune âge à la DDASS – Direction départementale des affaires sanitaires et sociales. J'avais deux ans et j'étais la plus jeune. Ma sœur Jo avait trois ans, mon frère Dan avait quatre ans, et Chris, l'aînée, avait 5 ans. Comme elle était l'aînée, je l'ai longtemps considérée comme ma maman. Nous avons eu une enfance difficile, car ma mère a quitté le domicile conjugal tout de suite après ma naissance. Mon père travaillait dans une entreprise d'imprimerie, et il ne se sentait pas capable d'élever seul quatre enfants en bas âge. De plus mon père était très spécial, jamais satisfait de la vie, il en voulait à la terre entière. Il estimait que le monde était rempli d'incapables ; lui seul était un exemple. Il s'est imposé vis-à-vis de nous quatre, dès notre petite enfance. Mon père était fanatique d'armes, il était chasseur et possédait plusieurs armes à la maison, installées en trophées dans notre chambre à coucher.

Nous habitions dans une grande ville, dans un appartement sous les toits. Nous n'avions qu'une simple petite cuisine, une pièce pour faire notre toilette, mais sans baignoire ni douche, et il y avait une seule chambre pour nous tous. L'appartement devait faire dans les 50 m².

Nous devions tous cohabiter et, bien entendu, l'intimité n'existait pas chez nous.

Voici un exemple de soirée à la maison, tel que je m'en souviens. Mon père travaillait soit le matin, soit l'après-midi. Quand il travaillait l'après-midi, il finissait à 21 heures. Tout devait être prêt sur la table, il devait seulement lui rester à faire la cuisine. Éventuellement les légumes devaient être épluchés, et la table dressée pour le repas, etc. Il y avait toujours de l'alcool à la maison. Mon père buvait du vin blanc le matin, de la bière l'après-midi, et le soir du vin rouge. On peut dire qu'il était alcoolique. Il ne manquait jamais cette denrée. Il lui arrivait souvent d'acheter dans la journée, à la pharmacie, du *Quinquina Amer* et il nous préparait une mixture en mélangeant son litron de vin et le quinquina. Nous devions boire chacun à notre tour notre potion. Nous étions dès lors un peu pompette. Cela lui était donc facile de nous manipuler à sa guise. Lors des repas du soir, nous avions droit à une discussion sévère sur tous les problèmes de la vie, par exemple : le gouvernement était géré par des cons, la société n'aidait pas les gens dans le besoin, etc. Tout y passait. Par ailleurs, nous ne devions pas parler aux voisins, car nous étions une famille à ne pas fréquenter. Une fois que mon père nous avait bien serinés avec ses sermons, nous passions tous dans la chambre.

Souvent, mon père faisait en sorte que ma sœur aînée, Chris, ne soit pas présente les week-ends à la maison – il l'avait pour lui seul toute la semaine. Ainsi, il ne lui restait sous la main que nous trois.

La chambre était de forme carrée, il y avait un petit lit à une place du côté gauche en rentrant dans la pièce, au milieu un grand lit de 140. Moi, la puce, je devais me coucher dans le petit lit à une place, celui-ci nous était réservé habituellement à Chris et moi. Ma sœur Jo et mon frère Dan couchaient avec mon père dans le grand lit. Mon père du côté gauche, au milieu ma sœur Jo, et sur l'autre côté mon frère Dan.

Mon père nous mettait sur le vieux tourne-disque du Berthe Sylva, toujours de la musique triste, qui lui donnait les larmes aux yeux. Mon frère devait, avant de s'endormir, se mettre au pied du lit et, avec un pendule qu'il agitait sous les yeux de ma sœur Jo, il devait l'hypnotiser, selon ses dires. Nous le prenions pour un fou. Une fois ce rituel effectué, nous prenions tous position à notre place dans les lits.

Bien entendu, mon père attendait que mon frère Dan dorme pour se permettre de faire des attouchements sur Jo. Elle a attendu plusieurs mois avant de pouvoir m'en parler. Dans la nuit, il venait en rampant se blottir dans mon lit et il me faisait plein de promesses : « Que veux-tu que je t'achète ? » Moi je lui répondais : « Une montre, des chaussures, des vêtements », etc. Des choses que l'on n'avait pas. Mais tout cela était fait consciencieusement afin de me faire miroiter toutes ces belles choses.

Dans la vie, je l'ai compris plus tard, on n'a rien sans rien. Mon père me l'avait déjà fait comprendre par ces sous-entendus.

Personne ne devait rentrer chez nous. Si quelqu'un sonnait à la porte de la maison et que mon père était absent, nous ne devions pas ouvrir la porte. Les seules personnes qu'il faisait entrer facilement chez nous étaient les témoins de Jéhovah. Mon père les portait au ciel. Ils étaient, selon ses dires, « les seuls à pouvoir nous sortir de nos coups durs ». Même sa propre famille n'était pas autorisée à venir nous voir. Je pense qu'à l'époque il avait peur que l'on parle de ce que nous vivions au quotidien. Nos soirées se passaient souvent dans les larmes, et nous n'avions qu'une hantise : l'arrivée de mon père. Dès qu'il s'absentait du logement, nous pouvons dire que nous avions une vie normale de petites filles. Nous jouions beaucoup à l'école, à la dînette, à la marchande, etc.

Par contre, mon frère était devenu un vrai dur, il sortait de la maison sans autorisation de mon vieux. Il changeait les plaques d'immatriculation en WW – provisoires – avec une craie, aux voitures du garage en face de chez nous. Il brisait toutes les ampoules des lampadaires du quartier avec son lance-pierre. Il lui arrivait de prendre des livres chez les commerçants, et ma sœur Chris était toujours présente pour le couvrir lorsque l'on avait des remontrances des gens du voisinage. Il était le seul garçon de notre famille et il était très renfermé sur lui-même. Il ne nous parlait jamais des problèmes que nous rencontrions chez nous. Il était complètement désorienté par rapport à cette situation. En plus il n'était pas placé au même orphelinat que nous, car à l'époque les filles étaient dans des foyers de filles et les garçons dans des foyers de garçons. Il en a été beaucoup affecté. Il est décédé d'un cancer à l'âge de 42 ans, en grande partie à cause de toute cette enfance malheureuse.

Certains week-ends, nous partions à la chasse dans un petit coin de France. Chargés de bagages lourds, avec tout le matériel nécessaire à cette expédition, nous prenions le train pour nous rendre au pied de la montagne. Ensuite nous devions grimper à pied dans les bois pour nous rendre à la cabane de chasseur où nous passions la nuit. Étant la plus jeune, je traînais parfois les pieds pour monter et ma sœur Chris m'aidait, pour que je ne me fasse pas disputer par mon vieux. Mon père partait à l'aube chasser le gibier. Nous nous retrouvions seuls sans adulte. En arrivant le soir tard, nous devions aller chercher du bois dans la forêt, pour allumer le poêle qui se trouvait dans la cabane. Quelquefois s'était très difficile, car le bois était mouillé par la pluie et le poêle ne fonctionnait pas très bien, n'étant utilisé que par les chasseurs en période de chasse. Mon père nous disait que nous étions des incapables si nous n'arrivions pas à faire ce qu'il nous demandait. À nous quatre, nous nous débrouillions toujours pour arriver à trouver une solution, plutôt que d'avoir affaire à lui. Nous en avions peur. Ensuite, nous devions préparer le repas du soir sur un petit brûleur à gaz portatif et, seulement après avoir mangé, nous allions nous coucher sur notre petit lit précaire. Bien entendu, le confort n'était pas de mise. Dans la journée du lendemain, nous les enfants, nous devions rapporter le plus de choses possible chez nous : des champignons, des châtaignes, de la salade de pissenlit, afin de rentabiliser le voyage en train. Nous devions comprendre, dès notre plus jeune âge, que l'on devait toujours prévoir pour les journées à venir.

Les gaspillages à la maison étaient interdits. Lorsque l'on pelait les patates, nous devions les gratter avec un couteau, et surtout pas utiliser un économe. Trop de gaspillage pour cette deuxième solution.

Les week-ends, j'essayais de me faire inviter par des camarades de classe, afin de ne pas avoir à aller chez mon père. Les nonnes de l'orphelinat nous obligeaient à aller chez lui. Je ne sais pas pourquoi, mais elles l'adoraient. Et il nous était interdit de dire du mal de mon père aux sœurs.

Je me rappelle une autre soirée mémorable où mon père avait une fois de plus pété les plombs et nous avait menacés avec un de ces fusils ! Voyant que nous pleurions à chaudes larmes tous les trois, il a ouvert la fenêtre de la chambre qui donnait sur les toits et a tiré en l'air. Les voisins se demandaient ce qui se passait. Mais bien entendu personne n'a osé se déplacer jusqu'à chez nous, pour voir ce qui arrivait.

Au cours des vacances d'été passées chez mon père, dans son petit appartement sous les toits, la chaleur était accablante, mais nous devions sortir le moins possible à l'extérieur, afin d'éviter de rencontrer des gens à qui nous aurions pu raconter nos problèmes. Cela nous était pourtant inconcevable, tellement nous avions honte de ce qu'il nous faisait subir. De plus nous avions très peur de lui, car il nous répétait que, si nous parlions, on n'aurait pas le temps de l'arrêter, il tuerait toute la famille avant. Nous pensions qu'il en était tout à fait capable. À cette période d'été, nous étions satisfaites, ma sœur Jo et moi, lorsqu'il était d'équipe d'après-midi. On savait qu'il n'arrivait pas avant 22 heures et nous faisions semblant de dormir à son retour, afin de n'avoir pas à communiquer avec lui. Par contre quand il était d'équipe du matin, c'était l'enfer à la maison, il arrivait à 14 heures et nous ne devions plus faire de bruit l'après-midi. Il faisait sa sieste et ensuite il commençait ses sermons sans fin. Quelle galère pour nous qui étions jeunes ! Car, bien entendu, nous avions envie de nous amuser et de profiter. Ces vacances chez lui n'étaient pas satisfaisantes pour nous. Ma sœur Jo avait droit chaque nuit à ses attouchements ; et moi à certains moments. Nous ne parlions pas de ces choses entre nous. À cette époque, nous avions tous souffert de ses gestes mal placés, mais nous ne parlions pas de cela. Chacun gardait ces petits tourments pour lui seul. Nous savions toutes que cela n'était pas normal, mais la peur nous faisait nous taire. Nous écoutions notre bourreau sans broncher. Maintenant que nous sommes à l'âge adulte, nous ne comprenons pas pourquoi nous n'avons pas parlé plus tôt.

Chapitre 2 - Stratagèmes

J'aimerais sortir de ma tête toute cette sombre affaire. Il m'arrive encore de nos jours d'en vouloir à mes sœurs aînées de n'avoir pas osé parler avant, de ce que notre père leur avait fait subir. Je me dis que si elles avaient parlé dès le début de l'histoire, nous ne serions pas trois à souffrir de notre enfance, voire quatre – mon frère étant décédé, nous ne saurons jamais ce qu'il a subi. Il n'y aurait peut-être eu qu'une personne touchée au lieu que nous le soyons tous. C'est peut-être égoïste de ma part de réagir maintenant de la sorte, car en tant qu'enfant nous n'avons pas le recul pour savoir ce qui est bien ou ce qui est mal. Nous avons seulement des soupçons. Mais cela ne suffit peut-être pas à nous faire réagir comme un adulte. Mon père était un fanatique mal dans sa peau, se disant mal aimé, mais il ne faisait rien pour qu'il en soit autrement, au contraire. La guerre l'a peut-être marqué, d'après ce qu'il nous racontait à l'époque. Mais d'autres personnes ont été victimes de cette guerre et n'ont rien fait subir à leur famille pour autant.

Dans la journée nous avions notre vie de petites filles insouciantes, nous jouions à la marchande, à l'école, à la maman et au papa, etc. Mais dès que l'heure approchait et que l'on savait que notre père allait rentrer, nous sentions la tension monter entre nous. Pourtant nous ne parlions pas entre nous de ce dont mon père était capable. Dès qu'il était présent dans la maison, nous entendions les mouches voler. Comme je l'ai déjà évoqué, nous avions droit à chaque repas à son sermon. Il nous parlait comme à des adultes, bien que nous n'étions que des enfants. La politique était un de ses sujets favoris, le gouvernement ne faisait jamais assez bien pour lui, les patrons de même, les riches, comme ils les appelaient, profitaient de nous. Nous avions déjà peur de la vie future qui nous attendait. Sachant que notre appartement était très petit, nous ne pouvions pas avoir de vie secrète. Mon père laissait des revues pornographiques dans sa table de nuit. Je pense que s'était voulu, afin de nous laisser voir des images en adéquation avec ses pensées. Il avait aussi dans sa table de nuit un gros tube de *Dermophil Indien* qui lui servait pour faire ses cochonneries avec nous. Quand maintenant je vais dans une pharmacie et que je vois une publicité pour ce produit qui est à la base un produit pour les gerçures, je me sens obligée de tourner la tête. Nous savions tous les quatre ce qu'il y avait dans ce tiroir, mais jamais nous n'avons osé aborder ce sujet entre nous. Aussi parfois, je me demande ce que les voisins pouvaient penser de notre vie sous les combles, parce que lors des mauvais jours, ils devaient entendre nos cris. Mais personne dans l'immeuble n'a jamais osé bouger pour dénoncer nos souffrances. Les gens étaient déjà très personnels à cette époque. Nous finissions la soirée, chacun blotti dans son lit, avec des larmes qui coulaient jusqu'à ce que le sommeil nous emporte. Nous n'avons pas que subi des violences sexuelles, mais surtout de nombreuses pressions psychologiques, à nous rabâcher sans cesse des paroles cruelles, des insultes ; nous ne faisions jamais assez bien. Nous étions toujours sous pression lorsque nous étions chez lui.

Une personne a sûrement compris à l'époque que mon père était très dur avec nous. C'était la patronne de l'épicerie, lorsque nous allions faire les courses pour manger, nous ne devions prendre que les articles que mon père avait stipulés sur sa liste. Nous avions constitué un code avec cette épicière : lorsque mon père marquait sur la liste une boîte de petits pois, elle savait qu'elle devait nous donner des petits pois en bonbon ! Je ne me souviens plus à présent de tous les articles, mais elle a toujours joué le jeu. Dès qu'elle nous voyait entrer dans le magasin, elle venait tout de suite nous servir, pour ne pas divulguer à son mari notre petit manège. Je la remercie aujourd'hui, car ce n'était rien à l'époque, mais elle nous transmettait un peu de bonheur par ces petits gestes.

Mon père payait ses courses à la fin du mois, dès qu'il avait touché sa paye, mais il épluchait la note de la commerçante de bout en bout.

Parfois mon père nous dénigrait les uns devant les autres sans aucune gêne. Nous avions honte de la transformation de notre corps, car il savait nous faire des remarques à ce propos : « Tu as vu, tu commences à prendre de la poitrine », etc. Une autre fois, il est entré dans les toilettes, alors que mon frère y était déjà. Toute la famille a su que mon frère avait des poils en bas. Il était fier de dire de telles choses. Je revois mon frère rouge comme une pivoine. Il a vite pris son bouquin et est allé s'enfermer dans la chambre pour lire afin de n'avoir pas à affronter nos regards. Nous étions toujours dans cet état d'esprit. Il faut dire que tous ces petits riens faisaient en sorte que nous évitions de parler de nos soucis de famille entre nous. C'était voulu par mon père, il régnait en maître sur son territoire. Il nous mettait la pression afin de ne pas avoir à aborder certaines discussions avec nous.

Je me rappelle qu'une fois nous avions détourné des sous à mon père, sur plusieurs semaines, afin de nous rendre tous les quatre à la piscine municipale. Le jour venu, nous avons pris nos sacoches de patins à roulettes et mis à l'intérieur notre maillot de bain et notre serviette pour faire croire à mon père que nous allions faire du patin à roulettes. Nous voilà partis tout contents à la piscine. Celle-ci se trouvait assez loin de chez nous. Nous avons donc marché, car nous ne pouvions pas prendre le bus, nous n'avions pas assez d'argent pour payer les deux. Arrivés sous un pont, nous avons vu un exhibitionniste, nu sous un léger manteau. Lorsque je suis passée à sa hauteur, il a ouvert son vêtement pour nous montrer son sexe. Ma sœur et mon frère aînés nous ont dit de nous dépêcher afin de passer notre chemin. Moi j'étais très jeune à l'époque et n'ai pas trop regardé ce type. Puis j'ai posé la question : « Pourquoi il avait un gros doigt ? » Mes frères et sœurs ont rigolé et m'ont dit que c'était son zizi.

Bien entendu, le soir lors du repas, j'ai fait la bêtise de divulguer cette mésaventure à table. Mon père est parti dans une rage folle, nous avons dû lui expliquer comment nous avons fait pour aller à la piscine. Il n'avait déjà pas confiance en nous à l'époque, alors cela l'a conforté dans ses idées. Il avait toujours la hantise qu'un de nous parle à quelqu'un des abus sexuels qu'il nous faisait subir.

Nous avons été privés de sortie pendant au moins quinze jours. C'était les vacances scolaires d'été, nous étions obligés de rester enfermés dans l'appartement. Il fermait en partant à l'usine et ne nous laissait aucune clé pour pouvoir sortir. Si nous avions eu un problème, nous n'aurions rien pu faire. Quand maintenant j'y repense, je réalise qu'il était vraiment fou.

Chapitre 3 - Abus sexuels

Ma sœur Chris et ma sœur Jo ont dû subir beaucoup plus d'abus de mon père que moi, mais c'est difficile de parler de ces choses-là entre nous. Pour ce qui est de mon frère, nous n'avons aucune idée de ce qu'il a pu endurer. Il est toujours resté muet sur le sujet avec nous.

Ces années de galère ont duré plus de huit ans. Lorsque ma sœur Chris a enfin pris la décision de parler à la directrice de son école, notre calvaire a pris fin.

Un soir où mon père était seul avec ma sœur Chris, ses actes ont dépassé l'entendement. Ma sœur s'est donc rendue chez une voisine, mais elle n'est pas arrivée à lui raconter ce qui se passait. Elle a attendu le milieu de la nuit que mon père dorme pour pouvoir rentrer de nouveau à l'appartement, et c'est seulement un petit peu plus tard qu'elle a dénoncé notre bourreau.

Lorsque l'affaire a été connue par les pouvoirs publics, notre second calvaire a commencé. Les gendarmes sont venus nous chercher ma sœur Jo et moi, à notre école, afin de nous interroger. Ils nous ont emmenés au commissariat comme si nous avions commis un délit. Mon frère était présent aussi. Nous étions installés chacun dans une pièce avec un gendarme. L'interrogatoire a duré pratiquement toute la journée. Ils nous ont par exemple demandé : « Est-ce que ton père était gentil avec toi ? Que t'achetait-il comme affaires ? »

Ne sachant pas que ma sœur Chris avait parlé de notre problème, nous ne comprenions pas où voulaient en venir les gendarmes.

Nous n'osions pas le dénoncer. C'est seulement après plusieurs heures que nous avons pu être plus coopératifs avec eux. Mais alors, les questions ont été plus durement posées et en plus ils insistaient lourdement sur les mêmes questions :

- Quel genre d'attouchement te faisait ton père ?

- Te montrait-il son zizi ?

- De quelle taille est-il ?

- Lorsqu'il te demandait de le secouer, qu'en sortait-il ?

- De quelle couleur était le produit ? Est-ce que celui-ci laissait des traces sur ton pyjama ? Etc.

Ils nous laissaient un petit peu de répit, puis de nouveau un autre gendarme qui avait interrogé mes sœurs et mon frère prenait la relève et c'était reparti pour un autre interrogatoire.

Mon frère, mes sœurs et moi n'avons pas eu le droit de nous voir tant que nous étions dans les locaux de la police. Nous avons été isolés chacun de notre côté durant toute cette journée.

Le soir, en rentrant au foyer à l'orphelinat, nous avons été convoqués par la sœur supérieure qui était aussi la directrice du foyer. Elle a eu des paroles très dures avec nous : « Il ne faut pas dire des mensonges, car vous irez en enfer si vous ne dites pas la vérité. »

Nous étions complètement déstabilisés par les adultes. On avait honte de ce qui venait d'être découvert par notre faute, d'autant plus que c'est nous qui avions informé l'administration.

Je pense que ma tante et mon oncle Pierrot étaient au courant des penchants de mon père. Il paraît qu'une fois il avait fait des attouchements sur ma cousine Badou. Chaque fois que l'on voyait mon oncle, c'est-à-dire pas souvent, car mon père évitait la famille, il nous posait toujours des questions vis-à-vis de la vie familiale lorsque l'on rendait visite à mon père les week-ends. Idem avec ma sœur Chris. Dès qu'il pouvait la voir, il lui posait aussi des questions. On aurait pu parler plus tôt, mais la pression de mon père était la plus forte. Il nous a toujours dit que, si on le dénonçait, il nous tuerait tous et qu'il se tuerait ensuite.

Nous le savions capable d'une telle chose. Mais lors de son arrestation, les gendarmes sont allés le cueillir à l'hôpital psychiatrique où il était en sevrage alcoolique. Il n'a donc pas eu le temps de mettre son projet à exécution.

La seule personne avec qui notre père a gardé des relations familiales est sa sœur Irina. Elle lui a fourni et payé son avocat lors du procès. Elle a toujours dit que l'on mentait lorsque l'affaire a été découverte. Nous n'avons plus été en contact avec elle après le procès, elle nous évitait, sachant pertinemment que son frère avait tort.

Mon père avait un autre frère, Tony, avec lequel nous n'avions aucun contact. Tony avait plusieurs enfants, mais lorsque mon père nous a placés à la DDASS, il lui a proposé de nous élever tous les quatre avec ses propres enfants. C'est pour cela que par la suite mon père a refusé toute relation avec lui.

Nous le revoyons seulement maintenant, car nous sommes libres de rencontrer qui bon nous semble. C'est une famille unie, bien équilibrée, tout ce qui nous a manqué à nous quatre.

Mon frère Dan a souffert énormément du comportement de mon père. De plus c'était un enfant calme, réservé, et très renfermé sur lui-même. Il est allé jusqu'à cacher à son épouse les souffrances dont nous avons été victimes lors de notre enfance. Il avait peur que ma belle-sœur le quitte si elle l'apprenait. Dès qu'à la télévision était diffusée une émission sur des sujets tabous, inceste, violence envers les enfants, etc. il changeait de chaîne, sous prétexte que les problèmes des autres n'étaient pas intéressants.

Nous avons abordé le sujet de notre enfance au moment de la fête des 40 ans de mon frère et de mon beau-frère, car mon père avait demandé qu'on lui verse une pension alimentaire, par le biais d'une assistante sociale. Bien entendu, la loi prévoit que l'on est redevable envers ses parents, chose que j'admets, mais nous n'avions pas eu une enfance normale. Nous avons donc décidé en commun de faire un procès à mon père pour être déboutés de cette obligation.

Chapitre 4 - Témoins de Jéhovah

Je me souviens d'une journée où mon père avait reçu deux types un peu bizarres, dans notre petite cuisine. Ils ont parlé pendant des heures, le temps nous semblait long, et nous voulions écouter leur conversation pour savoir ce qui se disait et pourquoi cela durait si longtemps. Mon père ne recevait jamais personne à la maison, les gens de l'extérieur ne l'intéressaient pas, ils étaient, selon ses propos, sans intérêt. De plus, la vie était tellement pourrie d'après lui que personne n'était bon à fréquenter. Nous avions donc de bonnes raisons de nous étonner qu'il accepte un rendez-vous. Le soir à table nous avons appris le sujet de cette discussion.

C'étaient des témoins de Jéhovah, des gens bien selon lui : « Enfin quelqu'un de bien à qui l'on peut faire confiance. »

Mais nous n'étions pas aussi emballés que lui. Il nous a expliqué que nous allions faire nos bagages et partir vivre dans leur communauté. Il ne fallait surtout rien dire aux nonnes, car ce voyage serait réalisé, bien entendu, sans leur autorisation. Nous étions catastrophés, nous ne savions pas ce qui allait nous arriver. Nous avions peur de cet inconnu. J'étais la plus jeune de mes frères et sœurs, et bien sûr je ne comprenais pas tout, mais j'ai vite saisi que la situation allait être catastrophique pour nous. Toute la famille pleurait à chaudes larmes, moi aussi j'ai pleuré, mais je ne savais pas trop pourquoi. C'est le soir, blotties au fond de notre lit que ma sœur Chris m'a expliqué que nous allions vivre dans une secte. Ce mot à cette époque nous faisait déjà peur. Je ne pouvais plus m'arrêter de pleurer. J'avais trop peur d'être séparée de mes frères et sœurs. C'était une angoisse pas possible.

Lorsque nous sommes retournés au foyer après ce weekend mouvementé, je n'ai pas pu m'empêcher de parler de cette conversation avec une de mes copines. Elle m'a dit qu'il fallait le signaler au foyer afin qu'il puisse nous protéger. La vie au foyer était dure, mais nous ne savions rien de la nouvelle vie qui nous attendait dans cette secte. J'étais très angoissée, je ne mangeais plus rien, je n'avais plus le goût de vivre, j'étais très perturbée. La sœur supérieure avait fait venir une dame qui devait me recevoir afin de savoir ce qui me troublait tellement. Bien entendu je n'ai pas osé parler de cette histoire. Je ne comprenais pas ce qu'elle me voulait, mais je savais qu'elle cherchait à savoir le fond de mes pensées, alors je n'ai pratiquement pas parlé de toute la séance. Ensuite, voyant que rien ne sortait de cette réunion, elle m'a demandé de faire des dessins de ce dont j'avais envie.

J'ai dessiné une maison, un arbre, des fleurs et des enfants tout autour de cette maison. Lorsque la nonne est venue à la fin de cet entretien, elle a dit que tout allait bien et qu'il ne fallait pas s'inquiéter de cette nostalgie. Elle est venue plusieurs fois par la suite, et je ne parlais toujours pas et je dessinais toujours le même genre de dessins. À ce jour, je ne sais pas ce qui a été fait de tous ces dossiers sur notre enfance, mais j'aimerais assez savoir ce que pensaient les autres de notre existence. Dès mon plus jeune âge, j'ai compris qu'il ne fallait pas faire confiance aux adultes. De plus, j'étais très renfermée sur moi-même. Un peu caractérielle, un rien me faisait sortir de mes gonds. J'étais mal dans ma peau, mais je ne voulais surtout pas avertir les adultes de cet état de fait. Je gardais tout pour moi et je m'endurcissais par la force des choses. Mais surtout ne rien laisser filtrer de mon mal-être. J'avais peur à chaque fois qu'un adulte m'adressait la parole, je redoutais ce qui allait être dit.

Chapitre 5 - Ce que j'ai vécu avec mon père, *par Chris*

Je suis une enfant de parents divorcés. J'avais 5 ans quand un matin une assistante sociale est venue nous chercher mes sœurs, mon frère et moi, chez ma mère alors enceinte de son second mari. Ma mère ayant perdu le divorce, à la suite de plusieurs adultères pendant ses huit années de mariage, avec mon père qui l'a beaucoup aimée – mais qui ne lui a fait aucun cadeau à leur divorce – nous sommes allés tous les quatre à l'orphelinat. C'était une situation très dure pour des gamins, âgés de deux à cinq ans, de vivre dans cet orphelinat tenu par des religieuses, sans amour maternel, sans tendresse, sans aucune famille. Nous étions seuls au monde. Je me suis alors occupée de mes deux sœurs que j'ai prises sous ma protection. Mon frère a malheureusement été placé dans un orphelinat de garçon. Il s'est retrouvé seul, a perdu tous ses repères et n'a fait que bêtise sur bêtise.

Depuis ce jour, notre vie n'a alors plus été que honte et malheur. Mon père ayant obtenu notre garde, il nous prenait chez lui un week-end sur deux. Pendant des années, j'ai subi des attouchements de sa part. Puis, à l'âge de 13 ans, il m'a violée. Ma vie s'est alors écroulée, je n'existais plus. J'essayais tant bien que mal de continuer à vivre pour mes sœurs et mon frère qui avaient un immense besoin de moi. Ils étaient ma seule raison de me battre. Puis un jour, une de mes sœurs a subi à son tour le viol, encore par mon père, ce détra-

qué, ce maniaque, ce pervers ! Avait-il le droit de nous faire subir tout cela ?

À la suite d'événements graves, il a été hospitalisé en psychiatrie. Étant placée à l'époque en foyer d'accueil, j'ai vu débarquer ma mère et ma tante. J'ai craqué et j'ai raconté notre triste histoire. Bien sûr, elles sont allées porter plainte au commissariat et là l'enquête était en route. Tout cela a duré un an. Puis le procès a eu lieu, j'ai tout raconté, ma sœur aussi. C'est la chose la plus dure que nous avons fait dans notre vie : dévoiler devant des étrangers des choses obscènes que l'on avait vécues pendant des années. Il a été condamné à sept années de réclusion criminelle. Mais maintenant, il nous fallait continuer à vivre avec tout cela. J'ai voulu mourir, tentative échouée. J'avais quinze ans, mais plus aucune envie, le néant. Alors j'ai été placée en foyer pour jeunes filles difficiles. Mais là j'ai passé mon temps à fuguer, car j'étais séparée des seules personnes que j'aimais : mes sœurs et mon frère.

Puis, à l'âge de seize ans, le juge des enfants m'a donné l'autorisation de rentrer chez ma mère. Ce n'est sûrement pas la meilleure chose qu'il ait faite. De retour chez ma mère, je travaillais au début comme visiteuse de tissus. Je gagnais à l'époque en 1972, 450 francs par mois. Puis au bout de six mois, j'ai trouvé une place où j'étais chef de chaîne, où je montais des conduits d'air pour voiture. Après j'ai été emballeuse aux service expédition. À la maison, toujours pareil. Rien n'a changé par rapport à la vie chez mon père. Ils boivent toujours autant, et passent leur temps dans les bistrots. Ils rentrent ivres tous les soirs et comme ça ne suffit pas, ils continuent leurs beuveries à la maison. Ma mère a eu six autres enfants avec mon beau-père, elle s'en occupe très mal. Elle ne peut pas aller bien *et élever correctement ses gosses. L'alcool passe avant. Quelle foutue mère nous avons. Je travaille de six heures du matin à quatorze heures. Quand je rentre, rien à manger. Donc je fais la sieste jusqu'à l'heure du souper. Si je veux manger, il faut que je fasse la cuisine, pour les petits qui rentrent de l'école, ma mère n'est pas encore rentrée. Il faut les laver, les mettre en pyjama et les faire manger, puis les coucher. Je crois qu'avec le recul, plusieurs d'entre eux ont oublié toutes ces années de galère et, quelque part, je pense que ça les arrange bien. Les disputes avec ma mère et mon beau-père sont de plus en plus fréquentes. Je ne me gêne pas pour leur dire tout ce que je pense. Alors je sors toutes les fins de semaine avec mes amis, Manu, un portugais super beau, mon chéri, Serge, le chéri de Laurette, son frère et d'autres encore. Je m'évade de cette vie médiocre, afin ne de pas être sans cesse à la maison.*

Pendant un an ce sera tous les jours les mêmes galères. Maintenant je commence à en avoir marre, je vis entourée d'ivrognes. Quelle drôle de vie, un vrai gâchis pour notre famille. Surtout pour nous ces gosses qui n'avons pas demandé à venir au monde. C'est vraiment la misère.

Chapitre 6 - Vie à l'orphelinat

La vie des enfants était difficile à l'orphelinat. C'était le système débrouille, chacun était à l'affût de l'autre.

Personne ne faisait de cadeau à personne. De plus, ma sœur et moi n'étions pas dans le même groupe. Elle était dans celui des plus grands, le Foyer, et moi j'étais dans le groupe de l'âge en dessous, le Mini Foyer.

Une des filles de cette section était toujours après moi. Elle me faisait trop souvent pleurer par ses sarcasmes et sa mauvaise foi. Elle montait les autres enfants contre moi, pour tout vous dire, cela forge le caractère et on devient méfiant. Il faut savoir que lorsque j'ai quitté le Foyer, ayant été hospitalisée pour une péritonite, ma chambre a été forcée, ils m'ont dépouillée de toutes mes affaires. Tout avait disparu.

Un peu avant mes 18 ans, j'ai demandé à être émancipée avec l'autorisation du juge des enfants, cela m'a été refusé. Je suis donc repartie sans rien. Ma mobylette que je m'étais achetée avec mon premier salaire avait été dévastée, cassée par des objets lourds. Ils avaient uriné dans le réservoir, cassé les phares, etc. elle était méconnaissable. J'ai pleuré toutes les larmes de mon cœur. C'est l'assurance du Foyer qui a dû prendre à sa charge les réparations. Voilà le lot de la vie en foyer à la DDASS.

Plus d'une fois, j'ai mouillé mon oreiller par mes pleurs. Mais bien entendu, je ne souhaitais pas en parler, n'ayant confiance en personne. Comment arriver à se reconstruire après de telles expériences ? Il faut savoir que, bien heureusement, j'étais une enfant ouverte à l'extérieur du Foyer.

J'arrivais ainsi à avoir de nombreuses copines à l'école, malgré ma petite taille. Et toutes me le rendaient bien, en m'invitant dans leur famille. J'étais très comblée par ces attentions. Je voyais bien qu'il me manquait cette vie de famille, comme je l'ai dit plus tard à ma mère, un bisou de la maman tous les soirs, c'est à la fois peu et à la fois beaucoup. Je n'ai pas connu cela, vu qu'elle ne nous a pas élevés. Depuis ma plus tendre enfance, je ne supporte pas l'injustice et j'ai toujours fait en sorte de défendre les gens qui pouvaient être victimes d'injustice dans mon entourage. Que ce soit dans les clubs sportifs que je fréquentais à l'école, au lycée, c'était devenu mon devoir.

La vie au foyer avec les sœurs pour nous éduquer était ce que l'on peut appeler « l'école de la vie ». Il fallait penser et vivre comme elle le voulait, c'est-à-dire toujours sur les ordres de ces bonnes sœurs.

Nous devions, dès notre plus jeune âge, faire le travail ménager, tout le monde mettait la main à la pâte (petits et grands) voire même, plus souvent les petits, car certains grands travaillaient à l'extérieur et donc ramenaient une partie de leur salaire. Nous avions une liste des tâches que nous devions réaliser à tour de rôle (mettre la table, la débarrasser, aider à faire la cuisine, laver la vaisselle, l'essuyer, nettoyer la table après le repas, balayer le sol, etc.) Le jeudi matin, jour de repos, car nous n'avions pas d'école ce jour-là, nous devions faire le ménage en grand (sans parler que chaque matin nous faisions notre lit, bien au carré) c'est-à-dire tous les dortoirs en plus. Passer le balai sur le sol, tirer les lits sur un côté et passer la toile émeri sur le parterre en bois, faire pareil sur l'autre côté et ensuite cirer les deux dortoirs en entier. L'après-midi, après avoir joué dehors, nous remontions pour aller faire briller le sol avec les patins. Le plus dur, c'était la corvée des toilettes et des salles de bains, car certains enfants étaient sales, mais nous y passions à tour de rôle, voire même plusieurs fois si nous étions punis pour avoir fait une bêtise. Il ne fallait pas faire grand-chose pour cela, les nonnes voyaient le mal partout. Si nous ramassions des fruits sur les arbres du jardin, la punition tombait. Mon père trouvait cela formidable que l'on nous éduque de la sorte. Il disait que nous allions être des gens bien. Je ne vois pas ce que vivre à la dure peut apporter de positif. Mais il nous rabâchait ses discours, donc inutile de lui dire le week-end, quand il venait nous voir, que nous étions punis, sinon il allait dire aux sœurs de continuer, que c'était bien de faire comme cela.

Si bien que les sœurs avaient pour lui une confiance aveugle. Vous comprenez bien que lors du procès d'inceste nous étions considérées comme des menteuses. Surtout pas lui. Impossible pour un homme si pieux à leurs yeux. Quand les personnes de notre famille venaient nous voir au foyer, elles étaient de suite mise dans un parloir qui servait au rendez-vous, bien entendu les sœurs assistaient à l'entretien. Donc impossible de se plaindre. Nous disions que tout allait bien. Et que tout était parfait. Parfois, cela nous était difficile et nous trouvions injuste d'être obligés de mentir mais c'était notre lot de consolation. Une fois la famille partie, si celle-ci avait apporté des friandises, nous n'en voyions pas la couleur, ces bonnes choses étaient partagées avec les autres enfants. Un petit peu tous les soirs, ce qui veut dire que la distribution durait. Bien entendu sans notre consentement. Le seul qui essayait de savoir ce qui se passait au foyer était mon oncle Pierrot, car il se doutait que nous n'avions pas la vie rose. Mais mon père lui a vite interdit d'aller nous rendre visite au foyer. Et pour qu'il puisse s'y rendre, il fallait l'autorisation des parents ayants droits. Comme ma mère n'avait plus cette autorisation, pour adultère et abandon de ses enfants en bas âge, notre père était donc le seul à décider. Il ne prenait pas de risque, évitons la famille, comme cela tout se passera bien.

Dès que ma sœur Chris a su prendre le bus seule, elle a vite compris qu'elle pouvait fuguer et aller chez des membres de notre famille. Mais seulement elle n'osait pas parler de tout. Elle racontait très peu de choses, elle disait qu'elle voulait que mon oncle la prenne avec eux. Mais bien entendu mon père s'y refusait. Quel gâchis. Son frère avait aussi essayé de nous prendre chez eux, mais mon père ne voulait pas non plus. Nous étions « bien chez les nonnes », elles nous éduquaient comme il nous aurait éduqués lui-même. Que demander de plus ?

Actuellement je revois mon oncle et ma tante qui sont peinés de ce qui nous est arrivé, mais à l'époque rien ne sortait des foyers de la DDASS. C'était un peu une forme de secte. Chaque midi avant de passer à table, nous devions dire une prière à Dieu afin de le remercier de nous apporter ce repas. Quelle fumisterie ! Toute petite j'avais horreur de la viande. De plus, celle qu'on nous donnait à manger était infecte. Ce qui fait que je mettais tout dans la bouche et j'attendais que ma sœur ait fini son repas, afin de lui mettre dans sa main pour quelle aille tout jeter dans les toilettes. Une fois, nous les avons bouchés et le pot aux roses a été découvert. Nous avons été punies toutes les deux, plusieurs jours d'affilé. Ensuite nous faisions de même, mais elle jetait la nourriture dans les lilas situés sur la terrasse et là personne n'était au courant. Je me rappelle qu'une fois la viande était tellement infecte que je n'ai même pas pu la mettre dans ma bouche, ce même plat m'a été réchauffé pour le repas du soir que je n'ai toujours pas mangé, et de nouveau pour le repas du lendemain midi. Ma sœur a fait une crise à la nonne présente au foyer ce jour-là, elle a cassé l'assiette et piétiné la viande avec ses pieds, elle a eu droit à aller au lit de suite. Mais elle s'en foutait, car mon plat infecte ne me serait pas resservi à un autre repas.

On peut voir qu'elles étaient sans cœur, pour des bonnes sœurs qui soi-disant doivent donner l'exemple. Jamais je n'aurais pu éduquer mes enfants de la sorte. Des situations comme celle-là il y en a eu des tonnes, mais je ne me souviens plus de toutes. Bien entendu nous étions obligées d'aller à la messe, nous devions aller au catéchisme, et aller nous confesser régulièrement. Une fois, ma sœur Jo qui n'avait pas l'âge d'aller prendre l'hostie, était allée à l'église qui se trouvait dans le foyer, en plein après-midi pour aller voir comment était une hostie et ce que buvait le curé. Elle était très curieuse et a donc pénétré dans l'église en catimini, puis s'est rendue dans la sacristie afin de faire ses découvertes. Elle était donc assise par terre avec la boîte d'hostie sur ses genoux, en train de les manger, quand tout à coup, le curé est arrivé. Il l'a découverte et elle a eu une correction. Elle a dû se rendre de suite au lit sans manger. Et interdiction de nous parler pendant plusieurs jours. Moi j'étais curieuse de savoir ce qu'elle avait pu faire pour être punie de la sorte. Les sœurs me disaient qu'elle avait fait un gros péché, j'étais complètement désorientée de la savoir dans cette situation. Surtout que rien ne sortait pour nous dire quelle horreur elle avait commise. Trois jours plus tard, nous avons su le fin mot de l'histoire, le curé buvait du vin à la messe, et elle était allée goûter les hosties. Pour nous, les enfants, rien de vraiment dramatique. Qui ne fait pas de bêtises dans son jeune âge ? Apparemment il n'y avait que ma sœur Jo. C'est vrai qu'elle cherchait toujours les grosses conneries. Mais peut-être voulait-elle se faire remarquer afin de montrer que nous souffrions de ce placement en foyer ?

En allant à l'école, nous avions remarqué une épicerie qui vendait de grosses oranges. À chaque passage, ma sœur me disait qu'elles devaient être bonnes, pleine de jus. En plus sur la porte du magasin, il y avait une publicité pour ces belles oranges. Un jour, la sœur était au début de la file indienne, s'est à dire à l'avant du groupe, s'est comme cela que nous nous rendions à l'école, tout le troupeau du foyer arrivait en même temps, pour vous dire que nous nous faisions remarquer par les filles de l'école privée. Nous étions donc les mal-aimées de nos petites camarades de classe. Ma sœur a alors profité que la sœur était au début pour voler une belle orange. Mais le mari de la marchande a vu la scène et il est tout de suite sorti pour crier au voleur. Ma sœur ne s'est pas dégonflée, avec sa main tendue où il y avait l'orange, elle lui a balancé à la figure, devant sa publicité « Avec une orange tout s'arrange » ! Le commerçant ne savait plus ce qui lui arrivait, il lui a offert l'orange, mais cela n'a pas empêché à ma sœur d'avoir le soir sa punition carabinée. La sœur avait vu la scène. Dès lors que nous passions devant le magasin, elle nous disait qu'elle avait honte de passer à proximité. Mais nous, on n'en avait plus rien à faire.

J'ai toujours essayé de sortir par mes propres moyens du cocon néfaste de ce foyer, je n'étais pas à ma place dans cette institution. Maintenant je l'admire pour la simple raison qu'elle m'a permis d'avoir une situation professionnelle qui me plaît et me permet de vivre à peu près bien. Mais lors de mon enfance je ne le voyais pas de cette façon. En tant qu'enfant, toute cette violence et cette souffrance étaient inutiles. C'était trop perturbant pour nous.

Certaines filles du foyer ont fini dans le milieu de la prostitution, d'autres sont mortes par overdose ou suicide. Mais seules les plus fortes s'en sont sorties. On nous parle actuellement dans les médias des institutions de la DDASS, en nous disant que c'est une bonne solution pour les enfants, ce n'est pas du tout ce que l'on veut nous faire croire. Peut-être que ce n'est plus comme cela de nos jours, mais j'en doute. Et je me suis toujours dit que si un jour j'avais des enfants, je refuserais qu'ils puissent aller dans ce genre d'endroits. C'est à bannir de ma vie.

La vie que j'ai menée au foyer a été très néfaste sur ma personnalité. Cela m'a forgé le caractère et parfois je peux être très dure envers les autres. Mais là-bas rien n'était laissé au hasard entre les gamins. Le mépris et la dureté des uns envers les autres étaient de mise à chaque instant. Les gosses ne se faisaient pas de cadeau entre eux. Au contraire, si l'on pouvait vous faire du mal, rien ne vous était épargné. Étant la dernière fille de notre famille, c'est donc moi qui suis restée le plus longtemps à l'orphelinat.

J'en ai vu passer des gamins, j'en ai vu sortir aussi, mais tellement peu, car pour nous la vie des autres ne nous intéressait pas ou peu.

Il y avait dans mon groupe une fille costaude qui avait 12 ans quand j'en avais 14. Elle m'a fait les pires misères qui existent sur terre, à me violenter, me rabaisser devant les autres enfants, voir même devant des petits copains qui venaient nous voir de l'extérieur. Tous les enfants en avaient une peur bleue tellement elle avait de haine envers nous. Elle montait les gamins les uns contre les autres, elle cherchait toujours à mettre la zizanie dans notre groupe et cela fonctionnait à merveille. Elle peut dire que pendant toutes ses années de foyer elle a semé la terreur autour de nous. Ma sœur Jo, âgée d'un an de plus que moi, n'était pas là pour m'épauler, au contraire elle était trop personnelle pour s'occuper de moi. Selon elle, elle n'avait pas son mot à dire sur ce que l'on pouvait m'infliger. Elle se disait que je n'avais qu'à me forger le caractère, afin qu'il soit plus fort. À ce jour cela a réussi, mais à quel prix ?

Quand les religieuses sont parties, nous avions affaire à des éducateurs spécialisés. Les éducateurs n'avaient pas trop leur mot à dire, surtout qu'ils avaient déjà du mal à se faire respecter par les pensionnaires, donc nos petits problèmes ne les intéressaient pas outre mesure. Ils géraient les journées les unes après les autres et rencontraient tellement de difficultés qu'ils acceptaient facilement de se faire rabrouer ; contrairement à la vie que nous avions avec les sœurs. Elles avaient un don pour se faire respecter et tous les pensionnaires en avaient une peur bleue. Mais elles avaient de drôles de méthodes pour faire accepter les règles et l'éducation aux enfants. C'était toujours sous la contrainte, donc nous disions amen à tout et pour tout. Nous ne pensions même pas à nous rebeller, sinon la punition était plus terrible que le mal du départ. La seule chose que j'ai appréciée au foyer est qu'on nous forçait à travailler en classe. J'ai ainsi pu trouver un métier passionnant. Si j'étais restée chez mes parents, j'aurais fini ouvrière en usine.

La vie à la DDASS était dure, mais moins pour les plus jeunes, car les grandes s'occupaient un peu de nous.

Il faut savoir qu'à l'époque, la majorité était à 21 ans, donc les enfants avaient entre 2 et 21 ans. Nous étions répartis dans quatre bâtiments différents, trois familles (comme il les appelait à l'époque) étaient mélangées, incluant des enfants de tout âge. Jusqu'à mes douze ans, cela s'est à peu près bien passé pour moi.

Par contre, comme ma sœur aînée, Chris, me défendait bec et ongle, c'est elle qui a encaissé les claques et les corrections par ma faute. Mais rien n'y faisait, il fallait toujours qu'elle nous protège, nous autres ses sœurs. C'est-à-dire Jo et moi. Lorsque on a attrapé la scarlatine, toutes les trois à peu près en même temps, si elle avait pu, elle aurait voulu avoir les piqûres à notre place, tant elle voulait que nous ne subissions rien.

C'est pourquoi jusqu'à mes douze ans, j'ai été protégée. Mais comme elle était un peu teigne vis-à-vis des autres enfants et des membres de la direction, ils ont tout fait pour lui faire quitter l'orphelinat. Nous ne sommes pas certains que le juge des enfants ait donné son accord. Ils n'ont pas fait mieux que de la mettre dans un foyer pour « cas sociaux », comme ils disaient à cette époque. Les filles qui se trouvaient avec elle étaient des droguées, des jeunes mères, des filles à problème, victimes de violences, etc. Elle s'est vite rendu compte que là-bas elle serait mal menée par les membres du personnel qui ne laissaient rien passer. De plus, les filles ne se faisaient pas de cadeau entre elles. Les litiges se réglaient avec les coups et j'en passe. Ma sœur a vite vu dans quelle situation elle était tombée. C'est pourquoi elle fuguait chaque semaine. Les gendarmes la ramenaient au foyer, et cela recommençait de plus belle. Nous étions toujours avertis par les sœurs de ces fugues, car ils croyaient qu'elle venait nous trouver. Bien entendu il n'en était rien. Elle ne voulait pas nous mettre dans l'angoisse. Mais nous nous inquiétions quand même, car nous ne savions pas où elle se trouvait. Les kilomètres ne lui faisaient pas peur. Elle allait d'une grande ville à l'autre, puis dans le Midi. Et vogue la galère !

Elle ne craignait rien. Personne ne lui faisait peur. Cela nous angoissait beaucoup. Après trois ans de vie chaotique, ils ont compris qu'il fallait changer la donne. Ils ont donc revu le juge des enfants et ils ont décidé de la placer de nouveau chez mon père qui demeurait seul à garder le droit de garde.

C'est à cette époque que les attouchements et tout le reste se sont accélérés. Il a cru qu'il pouvait faire ce que bon lui semblait.

Chapitre 7 - Le mariage de Chris, *par Chris*

En 1973, lors d'une soirée, j'ai rencontré un beau mec, en costard cravate. J'ai cru au prince charmant. Il était sympa, gentil. Au bout de trois mois de fréquentation, malheureusement je suis tombée enceinte. Je suis obligée de me marier, sans savoir à quoi je m'engage. Étant mineur, mon père donne son autorisation, car c'est toujours notre tuteur « pour la justice ». Quelle belle connerie j'ai faite là ! Mon prince charmant ne m'aime pas et, avec le recul, je m'aperçois qu'il en est de même pour moi. Il n'a été pour moi que le père de mes enfants. Je ne l'ai respecté tant d'années que pour eux. Il était alcoolique, fainéant, menteur, infidèle et méchant. Il me faisait du mal avec perversité. J'ai subi et supporté toutes ces années en espérant qu'un jour ses enfants soient fiers de lui.

Je l'ai fait soigner en milieu hospitalier des dizaines de fois. Il a fait aussi trois cures de désintoxication. Rien n'a changé au fil des années. Pas le moindre effort de sa part. Il n'a été pour moi que souffrance et désolation. J'attendais avec impatience que les années passent. Puis, à la majorité de ma dernière fille, j'ai décidé de partir.

J'ai vécu pour eux, afin de leur épargner un divorce, qu'ils auraient mal supporté, je pense, étant petits. Leur père me disait toujours : « Tu as signé pour en chier et tu vas en chier avec moi ». Ça, j'ai vu ! et plus que vu. J'ai tellement enduré, ses sorties nocturnes, ses jours d'escapades, où lui seul savait où il était, ses tromperies conti-

nuelles, semaine après semaine. Il m'insultait, me battait, je couchais même sur la descente de lit, lorsqu'il rentrait de ses virées. Et même enceinte ! Pour lui je ne méritais que ça. Putain de vie avec lui ! C'est vrai que je lui ai laissé toute ma jeunesse, ma santé et les plus belles années. Il n'a rien mérité de tout cela, je regrette tellement de n'avoir vécu que des années de misère avec quelqu'un comme lui. C'était un pervers, voire plus ! Mes enfants sont grands, j'ai enduré tout cela pour eux. Ils m'ont permis d'avancer chaque jour, chaque année. Je n'ai finalement gardé que du positif de ces quarante années de vie difficile.

Je suis devenue une mamie « gagatte » pour mes petits-enfants. Bien-sûr, je n'oublie pas mon ange, mon amour avec qui je partage aujourd'hui ma vie et à qui je dois tellement de bonnes choses, enfin un peu de bonheur. Tu m'as fait découvrir l'amour, avec un grand A. Dommage que l'on ne se soit pas connu beaucoup plus tôt, toi et moi.

Chapitre 8 - Fanfan

Enfant, je n'étais bien qu'avec des enfants de mon âge, mais je me tenais éloignée des enfants du foyer, car là-bas tout était répété et mal interprété par les adultes. Donc il fallait à tout prix éviter de parler de notre existence. Pourtant, je me souviens très bien d'une vraie camarade d'école, un peu forte. En classe et dans la cour de récréation, les autres enfants se moquaient d'elle. J'étais sa seule amie. C'était une vraie amitié comme on en vit rarement. Je lui racontais tous mes petits malheurs, même les plus intimes.

Mais parfois j'avais l'impression qu'elle doutait de mes propos. Son père était chauffeur de car à la compagnie des bus de la ville. C'était une famille très unie. Elle avait un frère, lui aussi un peu costaud, mais ils étaient très sociables et très attentionnés à mon égard. Je pense qu'ils comprenaient que je souffrais intérieurement. Ils m'invitaient très souvent. Dès que j'allais chez eux, ils prenaient pour le repas des aliments que nous n'avions pas au foyer et dont je raffolais. Je me rappelle qu'à chaque invitation j'avais droit à mon camembert coulant. Un geste simple mais qui me comblait de bonheur. Quand on a peu, on se contente de peu de choses. Les petits bonheurs de la vie tiennent parfois à pas grand-chose.

L'après-midi nous allions, son frère, elle et moi, dans les bois derrière son immeuble et nous faisions les fous tous les trois. Ils raffolaient de ces journées en ma compagnie, car j'étais un peu casse coup. Je les entraînais dans des distractions un peu fofolle, par exemple nous prenions de grands cartons, nous nous asseyions dedans et nous nous laissions glisser tout le long du chemin en pente raide.

Je n'avais pas peur, eux deux, un peu plus, mais j'étais assez téméraire pour les forcer à faire ce genre d'exercice. Nous rentrions à l'HLM en fin d'après-midi, exténués, mais satisfaits de notre journée. Le lendemain Fanfan racontait cela à l'école et les autres filles de notre classe ne nous croyaient pas. Nous nous en fichions, car notre complicité était très intense. Hélas, à la rentrée scolaire au collège, je n'étais plus dans le même établissement scolaire qu'elle. Alors on s'est encore un peu vu au début, car nous prenions de nos nouvelles par écrit, mais nous avons très vite arrêté de nous écrire. J'ai encore du regret de n'avoir pas pu garder une amitié avec cette fille merveilleuse.

Elle ne sait pas qu'elle m'a donné du bonheur dans mon enfance. Maintenant qu'elle est adulte, j'aimerais bien qu'elle sache qu'elle m'a évité de descendre encore plus bas.

Chapitre 9 - Le collège

Au collège je n'ai pas eu de vraie amie, les filles de ma classe et du collège étaient très moqueuses vis-à-vis de moi, car j'étais de petite taille. Chaque année scolaire, j'avais droit à des questions à ce propos. Quelle barbe à la fin !

Chapitre 10 - Une nouvelle amie

À mon entrée en classe de CAP, j'ai de nouveau eu une vraie amie. Elle s'appelait comme moi : Martine. Nous étions inséparables. Elle était issue d'une famille aisée et avait un frère, mais déjà majeur et marié, donc plus à la maison.

Ces gens aussi m'ont prise sous leurs ailes, comme on dit. Ils m'offraient des repas dans des restaurants somptueux, nous allions faire des balades dans des endroits magnifiques, à ce moment-là j'ai compris que la vie pouvait s'avérer bénéfique. J'ai cru enfin à cette époque au bonheur. Ils avaient un garage, et le père de ma copine était mécanicien. Nous nous installions au bureau et nous tapions les lettres de son père à la machine à écrire, cela nous permettait de mettre en pratique notre futur métier. On n'était pas peu fières d'être vues des clients en train de faire nos exploits. Lorsqu'il venait me chercher au foyer, il prenait des voitures de clients, *Porsche*, *Jaguar*, etc. J'étais aux anges de montrer à mes copines qu'il avait de l'argent. On est parfois bête quand on est jeune. Maintenant je sais que cela a peu d'importance, il vaut mieux être pauvre et heureux, que riche et malheureux.

Chapitre 11 - Réouverture des blessures

Bien entendu, le divorce de nos parents a été néfaste pour nous quatre, car nous avons été obligés de nous replonger dans toute cette affaire que nous avions profondément enfouie. Nous avions honte de ce qui nous était arrivé. Nous nous pensions responsables de cette situation.

Dans un premier temps, nous avons demandé la copie du jugement de divorce de mes parents où était stipulé que ma mère avait été coupable d'adultère et que c'était donc mon père que l'on nommait pour assumer notre éducation, sous couvert du foyer et de la DDASS.

L'entendre de la part de notre famille nous avait déjà à l'époque blessés, mais le voir écrit noir sur blanc nous était plus intolérable encore. Ma mère nous avait donc plus ou moins abandonnés.

J'ai contacté l'avocat qui a défendu mon père à l'époque. Il avait pris sa retraite, mais son cabinet avait été repris par son fils. Il m'a alors expliqué comment faire valoir mes droits. Il m'a aussi confié que son père, lors du procès, avait été très affecté de devoir défendre une personne qui avait commis de telles abominations sur ses propres enfants. Il en avait parlé avec sa famille. Ces éléments nous ont rappelé que nous étions victimes d'un procès pas comme les autres.

À la suite de ces explications, j'ai donc demandé par écrit la copie du jugement d'inceste, au département, mais mon courrier est resté sans réponse. Après un appel téléphonique au tribunal, ils m'ont communiqué qu'il fallait venir consulter sur place les minutes des procès et trouver celui qui nous intéressait. Cela n'a pas été très facile. Avec l'aide d'une personne qui travaillait là-bas, nous avons abouti.

La copie de ce jugement nous a remis dans le chaos, tout était là, bien entendu. Je ne comprends pas les conclusions, mais malgré nous, nous revivions les attouchements. Certains termes des rapports des médecins étaient retranscrits sur les documents entre nos mains.

Environ quinze jours plus tard, un nouveau procès aux affaires familiales a eu lieu dans le département voisin (où habitait mon père au moment du procès).

Nous avons donc demandé à mon avocat de venir avec nous, nous représenter lors de cette audience, mais celui-ci n'avait pas le droit de plaider hors circonscription. Il nous a donc trouvé un avocat sur place. C'était une femme, comme je lui avais demandé. Nous avons eu notre premier contact avec cette avocate une heure avant l'audience. Nous étions tous très émus de devoir de nouveau reparler de toute cette horreur.

Cette femme a été très conciliante, à notre écoute, et lors de l'audience elle a su imposer au juge notre douleur. Les trois sœurs étaient présentes, mon frère n'a pas osé venir affronter de nouveau cela avec nous. C'est seulement lors de notre retour qu'il nous a dit qu'il aurait dû venir avec nous pour nous soutenir. Étant le seul garçon de la famille, il n'arrivait pas à s'exprimer avec nous.

Mon père n'a même pas daigné se présenter lui-même au procès. Il s'est fait représenter par une tutrice du centre hospitalier, car je pense qu'il avait honte de nous revoir après tant d'années et de voir de nouveau de la souffrance sur nos visages. La personne qui l'a représenté est restée sans voix, quand elle a vu le dossier que nous avions en notre possession, elle ne pouvait plus dire un mot. Elle est venue nous rendre visite à la fin de l'audience, pour s'excuser d'avoir rouvert cette plaie. Nous avons pleuré tous les trois tout le long du procès, nous n'arrivions même pas à répondre aux questions du juge. Il a très bien compris notre démarche et a été très professionnel. Si de nouveau mon père venait à demander une pension alimentaire, nous devrions dès lors recommencer une procédure, le premier procès que nous avons gagné est seulement valable pour le créancier de l'époque. Chose que nous redoutons chaque jour, devoir à nouveau affronter toute cette mélasse.

Chapitre 12 - Vie de couple, Léo et moi

Un mois avant ma majorité, je suis partie vivre avec mon copain de l'époque en caravane, car il faisait les déplacements pour une grosse entreprise. Nous avons été mutés sur Paris. Je me suis donc tout de suite responsabilisée, en prenant les rênes de notre petite caravane. Je m'occupais des repas, de la lessive à la main, des courses et de tout ce qui devait être fait par une femme d'intérieur, mais j'étais à l'époque encore très jeune. Je ne comprenais pas mon copain, plus d'une fois j'ai pleuré parce qu'il ne savait pas me combler. J'ai essayé à plusieurs reprises de le quitter, mais j'avais très peur de la solitude. J'ai donc persévéré en pensant que l'avenir serait meilleur.

Bien entendu, il y a eu de bons moments, mais j'ai quand même dès le début galéré à faire ma place. De plus mon futur mari était très égoïste.

Il ne voulait pas se marier, ni avoir des enfants, c'était intolérable pour moi. J'ai dû faire le forcing pour avoir un peu de ce qui m'importait dans la vie. Mais cela n'a pas été sans mal. Aujourd'hui je peux dire avec le recul que j'ai tout accepté pour mes enfants. Nous n'avions pas une vie de couple que l'on peut qualifier de « normale ».

Mon copain avait le droit de faire ce que bon lui semblait, par exemple : aller en boîte de nuit pour danser, sortir avec ses copains et j'en passe. Après la naissance d'une de mes enfants, il est même parti en Australie dans sa famille, sans me demander ce que j'en pensais. Moi j'étais dans mon monde et je me débrouillais avec tout ce qui se rapportait à la famille. On était une famille sans en être une. Il avait sa petite vie et moi je devais faire la mienne de mon côté. N'ayant jamais eu de dialogue dans notre couple, nous nous sommes vite lassés l'un de l'autre. De plus, mon mari n'était pas du tout câlin, jamais un bisou, le sexe ne l'intéressait pas trop non plus, sa mère lui avait inculqué que c'était sale. Avec du recul, il me semble qu'il le pensait aussi. Sa maman a eu une influence assez néfaste sur notre couple. Elle ne m'appréciait pas trop.

À chaque repas de famille, elle me le faisait voir, pour que je le comprenne. Par exemple : Comme nous n'avions pas d'enfants, elle disait que je ne pouvais pas en avoir, étant trop maigre pour pouvoir accoucher, mais que son fils en aurait avec une autre s'il le désirait. Cela me blessait énormément. Heureusement, plus tard j'ai eu deux petites et belles filles. Mon beau-père m'appréciait beaucoup, il vivait seul dans une ville voisine et, à chaque fois qu'on lui rendait visite, il était beaucoup plus attentionné. Il était séparé d'avec sa femme, et cet homme a énormément souffert de la solitude. On peut dire qu'il était à l'époque une âme en peine. Mais il a toujours été très correct vis-à-vis de moi et de mes enfants. Je n'avais pas encore trouvé dans ma vie de couple ce que j'attendais de la vie. Tout était espacé de vide, de choses non dites, et de manque de confiance en nous.

Je n'étais pas heureuse. Seules mes enfants comptaient pour moi. J'étais à fond pour mes deux filles. Ma petite dernière m'a parfois fait d'énormes reproches sur la façon dont je les ai élevées, mais j'ai toujours fait ce que je pouvais pour leur faire plaisir. Je faisais des heures supplémentaires afin de pouvoir leur offrir ce qu'elles me demandaient. Elles pratiquaient la gymnastique ; j'étais à fond dans cette discipline. Chaque fois qu'il fallait les emmener au cours, j'étais présente, aux compétitions aussi. Bien entendu, mon travail m'a pris du temps, mais on ne peut pas satisfaire à toutes ses obligations sans avoir quelques lacunes. Je ne pense pas avoir été une mère parfaite, mais toujours attentive à leurs besoins, à l'écoute lors de nos discussions, et je leur ai donné ce que je pouvais de mieux. Mon ex ne s'occupait de rien, il avait le beau rôle, mais par contre il savait faire des réflexions du genre : « Ces filles, elles sont gâtées pourries, c'est les filles à leur maman ».

La critique est facile quand on ne s'occupe de rien. Il était artisan et cela l'arrangeait bien pour me faire croire qu'il était encore chez ses clients à 21 heures, voire même plus tard, et le week-end de même. Je pense qu'il ne me disait pas tout.

Un couple ce n'est pas cela. Lorsque nous partions pour les vacances d'été, chaque année toutes seules, mes filles et moi, il avait toujours quelque chose à finir. Je pense que ces journées seules à la maison l'intéressaient beaucoup plus que nous.

Maintenant que j'ai quitté le domicile conjugal, je pense qu'il a réfléchi, mais c'est trop tard. J'ai gardé trop de souffrances pour moi. J'ai pris sur moi, depuis ma plus tendre enfance, et j'ai su garder la tête haute dans bien des situations. Avec ses copains, il m'avait surnommée « Thatcher, la dame de fer », croyant me faire plaisir ! Quel gâchis, quand j'y pense !

Ne pouvant plus faire face aux dettes de la maison, je me suis dit : « Il faut faire quelque chose pour arrêter ce manège infernal des trous que l'on bouche avec d'autres prêts ». J'ai donc déposé un dossier de surendettement à la banque de France, mais il faut savoir qu'il m'a laissé faire seule toutes ces démarches administratives, pour pouvoir me le reprocher si la procédure avait mal tourné.

Sur huit créanciers, un n'était pas d'accord pour étaler le remboursement des dettes. Il a donc demandé au tribunal de me faire vendre notre maison. J'avais rendez-vous au tribunal un lundi matin à 9 heures. Mon mari était parti pour le week-end voir ses copains, alors que nous devions préparer la plaidoirie. Ma fille aînée et moi avons donc effectué seules ces démarches très difficiles.

Puis il est arrivé le lundi matin à 8h30. J'étais déjà dans la voiture pour me rendre à l'audience. Il n'a rien fait pour m'épauler dans ce moment difficile. Voilà le genre de chose qu'il était capable de me laisser sur les bras. Je pourrais citer de nombreux exemples de ce genre. Je suis partie de la maison avec « un gros ras le bol » comme on dit. De plus, mes deux enfants étaient presque casées, sachant que Karine était interne au lycée et Sophie suivait des études pour son Brevet d'État dans une autre ville de la région.

Je n'ai pas pu tenir plus longtemps ces affrontements avec ma petite dernière, qui a très mal pris mon départ de la maison. Actuellement elle m'en rend encore responsable, je pense qu'elle a souffert de cette situation. Mais, pour moi, la coupe était pleine et j'ai trop attendu. Je ne pouvais plus rester alors que l'on n'avait plus rien à se dire. Je rentrais le soir à la maison, je faisais la bonne, la cuisine, le ménage, le repassage, la lessive, et je me plongeais dans mes livres afin de n'avoir plus aucun contact avec lui. Lorsque j'ai quitté le domicile conjugal, mon mari et moi n'avions plus de rapports sexuels depuis plus d'un an. J'étais présente à la maison, mais je n'étais pas mieux considérée.

J'ai de nouveau été obligée de repartir à zéro. Je suis partie en abandonnant pratiquement tous les meubles sur place. J'ai dû me reconstruire. Ma sœur Chris a su m'épauler lors de cette séparation.

Mais le soir, seule dans mon petit appartement, j'ai versé beaucoup de larmes. Je me demandais si j'allais de nouveau pouvoir faire face à un nouvel échec. Toutes ces années perdues ! J'arrive à cinquante ans et je n'ai rien fait de vraiment formidable dans ma vie. J'ai subi, subi et encore subi.

Il faut que cela s'arrête. Je pense que dans chaque moment de notre vie il faut savoir trouver la force d'aller de l'avant, mais ce n'est pas toujours facile, en tenant compte des besoins de chacun et si on ne veut pas blesser un membre de sa famille. Je n'ai pas toujours su trouver les mots pour dire ce genre de chose à mon entourage. Tout le monde me croit forte et à l'écoute, mais j'ai aussi parfois des doutes. J'ai gardé beaucoup de chagrins pour moi. À qui montrer que la coquille est parfois vide ? Je pense que c'est ma thérapie qui va m'aider à prendre sur moi pour affronter les choses difficiles qui me seront encore demandées prochainement. De plus en plus, il m'arrive de vouloir avancer dans le temps, afin de savoir ma petite dernière casée dans la vie, avec un métier qui lui plaît, un avenir tracé et savoir que je peux enfin dormir sur mes deux oreilles, sans avoir à penser à ses besoins. Je voudrais pouvoir vivre pour moi, j'ai tellement manqué d'occasions de penser à moi, rien qu'à moi, que c'est mon actuel désir : avoir une vie bien à moi.

J'ai enfoui au plus profond de moi mes blessures, et je crois que mon caractère spontané a pris le dessus parfois sur ma vie de famille. Je me suis toujours réfugiée dans la lecture lors de rapports un peu conflictuels. Je suis toujours très attirée par les livres qui évoquent l'inceste, la violence, les droits des femmes, comme « Jamais sans ma fille » de Betty Mahmoody, « Dans l'enfer des tournantes » de Bellil Samira, « Survivre à l'inceste » de Sandrine Rochel, etc.

Je pense que le fait de lire de tels livres me réconforte, dans ma vie actuelle. Je me rends compte que d'autres ont aussi vécu l'enfer et apparemment s'en sont sorties. Cela me procure du bien-être et je me dis qu'un jour je pourrais vivre normalement, sans avoir à toujours ressasser cette rancœur.

Il faut savoir que ma vie sexuelle a souffert de cette blessure. Je n'ai pas été épanouie sur ce plan jusqu'à ce jour. Il faut que j'arrive à 50 ans pour commencer à vivre une vie de couple normale sans tabous et sans honte de soi. Enfin, c'est vite dit… Il m'arrive quand même de ne pas être à l'écoute des autres et d'avoir honte de moi et de mon corps. Peut-être qu'il a été blessé dans ma chair aussi bien que dans ma tête. Je n'arrive plus à me projeter dans l'avenir, c'est toujours difficile quand je regarde mes projets, je compte encore sur les autres. Je pense que toute cette douleur n'a pas suffi à me faire prendre conscience que l'on vit pour soi et qu'il faut savoir accepter les bonnes choses de la vie.

Chapitre 13 - Ma première fille, Sophie

Je sais que mon aînée est plus ou moins bien dans sa petite vie. Elle a son copain, sa vie de famille, et son association. Nous l'avons créée l'année dernière et nous continuons de l'améliorer, mais cela ne me fait pas peur, car c'est mon domaine. De plus, elle se donne à fond pour ce travail, c'est sa passion depuis sa plus tendre enfance.

Lorsque mes deux filles sont devenues adolescentes, comme souvent à cet âge, les problèmes ont commencé.

Mon mari avait fait la connaissance des voisins de son père et, depuis cette date, il accordait sa confiance à ce couple sans les connaître. Il leur déposait souvent mon aînée le mercredi et les vacances scolaires. Il arrivait fréquemment qu'il propose à ma grande de coucher chez eux. J'étais un peu contre, surtout pour le coucher, mais mon mari n'y voyait aucun inconvénient. J'ai donc appris vers sa majorité que ce sale type se permettait des attouchements fréquents sur ma fille. Elle était à cette époque très discrète, et ne se confiait à personne. Je voyais bien qu'elle était mal dans sa peau, mais dès que je l'interrogeais à ce sujet, elle se refermait comme une huître. Je pense que le fait de savoir que j'avais été victime de problèmes sexuels lors de mon enfance l'empêchait de me parler de ce souci. Elle se plongeait dans l'anorexie, et je n'arrivais pas à comprendre pourquoi. Par moment cela allait mieux, mais ensuite elle replongeait. Une maman se sent complètement dépassée par ce genre de situation. Je sentais que Sophie ne voulait pas se rendre chez ce couple, mais mon mari la déposait quand même, malgré ses protestations. Il lui disait : « Tu ne vas pas rester toute seule à la maison, ta sœur est invitée par sa copine, et je ne veux pas laisser mon autre enfant seule à la maison ». Il valait mieux comme on dit la mettre dans la « gueule du loup ». Je ne peux pas expliquer ce que j'ai ressenti lorsque j'ai découvert ce que ce type avait fait à ma petite chérie. J'étais anéantie et rien ne pouvait changer la donne. J'ai épaulé Sophie en l'emmenant chez un psy, mais cela ne se passait pas bien. En plus, elle ne voulait pas déposer plainte. Étant majeure, elle avait pris conscience qu'il lui aurait fallu revoir cette personne et peut-être subir une confrontation.

C'était pour elle inacceptable. Elle préférait garder pour elle ses souffrances. Je n'ai jamais vraiment su ce que ce type pouvait lui avoir fait subir. Je sais juste qu'il n'a pas été jusqu'au rapport. C'était un soulagement, mais je sais que sa vie de couple peut en pâtir et qu'elle a du mal à passer au-delà.

Je sais, pour l'avoir vécu aussi, qu'elle en souffrira toute sa vie. Sous prétexte qu'il était naturiste, pour lui le sexe ne représentait rien, selon ses paroles : « Le zizi c'est comme le doigt d'une main, il n'y a rien de dramatique à se montrer nu. » Mais ce qu'il ne reconnaît pas, c'est que les attouchements ne sont pas permis sur des enfants mineurs et de surcroît non consentants. Sous prétexte de naturisme, on peut laisser ses penchants prendre le dessus, même si cela détruit un enfant. Ces gens-là sont des égoïstes et des inconscients. J'ose espérer que sa femme n'était pas au courant de cette situation, car je désapprouverais encore plus que cela se soit produit avec son consentement. Notre famille était victime une deuxième fois, sans pouvoir réagir pour stopper le processus.

Au début de sa relation avec son petit copain – ma fille est avec lui depuis maintenant des années – Sophie n'a pas su prendre les précautions que l'on doit assumer lorsque l'on devient adulte – lui non plus d'ailleurs ! Elle s'est retrouvée enceinte après seulement trois ou quatre mois de relation. Elle souhaitait vivement garder cet enfant, son enfant, mais toute la famille aussi bien de mon côté que du côté de son copain était contre l'idée qu'elle garde un enfant alors qu'ils ne se connaissaient que depuis peu de temps. J'étais la seule à la soutenir, comme toujours, dans cette nouvelle et terrible épreuve.

Mon frère a tellement essayé d'avoir un petit être avec son épouse, que je ne pouvais pas tolérer que l'on puisse enlever la vie si facilement, alors que c'est parfois très dur d'arriver à combler son désir de parents. Je réagis peut-être comme cela, car j'ai été suivie par traitement médical pour mes deux grossesses. Je ne me voyais pas vivre sans enfant. Ce souhait a été plus que comblé puisque j'ai pu en avoir deux. Que demander de plus ?

Finalement, ma fille a énormément souffert de devoir affronter un avortement, alors que ce n'était pas réellement son choix. La vie nous réserve parfois des épreuves difficiles.

Actuellement j'ai pris conscience qu'elle souhaite avoir un nouvel enfant, mais je pense qu'elle a peur inconsciemment de ce qui peut arriver. Il faut savoir que l'avortement a été très pénible pour tout le monde. Elle a très mal réagi à cet acte chirurgical. Les gens autour de nous ne conçoivent pas que l'on puisse encore souffrir d'une situation qui date de quelques années. Mais c'est seulement le fait de vivre pleinement l'épreuve qui fait que l'on peut effectivement arriver à prendre le recul pour avancer dans la vie. La blessure est toujours là, il faut essayer de la mettre de côté et continuer le chemin de la vie.

Je souhaite de tout cœur que cette grossesse arrive à terme, lorsqu'elle sera capable de l'envisager, il faut être positive, sinon rien ne sert de faire des projets pour le futur. Elle discute très peu avec son entourage. Avec de telles personnes, il est très difficile voire même impossible de pouvoir être à l'écoute au bon moment. J'aimerais qu'elle soit plus expressive avec moi, mais je pense que toute cette souffrance que j'ai subie par le passé l'effraie un peu et elle préfère rester sur les non-dits, pour éviter de blesser quiconque. Je pense qu'avec les années et, peut-être une fois qu'elle sera mère à son tour, le temps viendra où elle sera plus conciliante pour savoir poser les questions qui l'ont embarrassée plus tôt. J'espère qu'elle sera comblée par sa vie d'adulte. Elle s'interroge sur le futur. Le fait d'avoir des parents séparés très tardivement permet de remettre en question la vie de son couple.

C'est aussi vrai que, de nos jours, les gens ne se compliquent plus l'existence : il faut que tout roule. Il y a parfois des concessions à faire des deux côtés dans un couple, mais je pense, peut-être à tort, que la femme tolère plus de choses que son époux. C'est pourquoi les couples arrivent à envisager des séparations à l'âge mûr.

Les fêtes de fin d'année arrivent à grands pas, le stress arrive aussi pour ces deux journées importantes pour une vraie famille. Mon ex me met toujours la pression dans ces moments-là, sous prétexte que les fêtes se passent toujours en famille, et non chacun de son côté.

J'ai actuellement une autre opinion, sachant que j'ai refait ma vie avec une autre personne, il me paraît utile de savoir combler ma famille. Mes deux enfants sont donc prioritaires, avec mes sœurs et bien entendu mon nouveau copain et mon gendre.

Comment être objective avec ma famille sans blesser quelqu'un ? Je sais qu'il y en aura toujours un qui se sentira lésé. Mais je ne peux plus faire semblant, même pour les fêtes de Noël et du Nouvel An. J'attends l'avis de mes enfants pour programmer ces festivités, mais je souhaite garder mes convictions qui actuellement ne sont peut-être pas tout à fait les mêmes que les leurs.

À l'approche du 24 décembre, mes enfants ne m'ont toujours pas dit ce qu'elles veulent faire pour le jour de Noël. Je stresse, je stresse, car je suis toujours obligée de m'abaisser pour les avoir avec moi. Elles me font culpabiliser d'avoir quitté le domicile conjugal. Pourtant ce ne sont plus des enfants, elles sont maintenant adultes mais c'est pire qu'auparavant. Enfin, je prends mon courage à deux mains et j'appelle en premier Sophie. C'est la plus aimable des deux. Elle se sent tiraillée entre ses deux parents, mais elle comprend mieux ma position.

Donc il ne me reste plus qu'à appeler Karine pour savoir ce qui va être décidé pour cette soirée. Elle me répond qu'il faut qu'elle en parle à sa sœur Sophie. On tourne en rond. Je stresse de nouveau, je pleure, et je m'énerve toute seule dans mon coin. Mon copain me dit de rappeler l'aînée afin de savoir ce qu'elles ont à me reprocher. Le ton monte, je suis complètement excédée par leur comportement. Je pleure au téléphone et je signale à Sophie qu'elles ne vont pas venir au bagne, mais à une soirée conviviale afin que je leur remette leurs cadeaux. Je ne sais pas ce qui se passe dans sa tête, mais elle me fait de suite une réponse par SMS en me signalant qu'elle viendra avec son fiancé à ma soirée, même si sa sœur ne vient pas. Je sais que je l'ai blessée par mon dernier appel. Par contre, je ne rappelle pas Karine ce soir-là. Je sais que cela va mal finir avec elle. Et je ne veux pas me fâcher avec ma petite. Mais je suis cruellement blessée par ce comportement. Je pense que Sophie a téléphoné à sa sœur pour lui signaler notre dernière conversation téléphonique, mais je ne sais pas si elle viendra le soir du 25.

C'est de nouveau Sophie qui fait le premier pas, en l'appelant au téléphone lorsqu'elle arrive chez mon copain. Voyant qu'elle n'est toujours pas au rendez-vous. Je suis un peu sur les nerfs, mais je ne veux pas le montrer afin de ne pas gâcher cette merveilleuse soirée. En fin de journée, elle arrive enfin. Nous ouvrons les cadeaux, un petit peu en retrait des autres personnes, car je sens qu'elles ne sont pas dans leur élément chez mon copain. Comment arriver à ne blesser personne dans ces moments délicats ?

Ensuite arrive le repas de Noël, cela se déroule bien et je suis contente d'être arrivée à ce que j'avais envisagé pour ces fêtes. La vie nous réserve parfois de drôles de surprises. Lorsque j'ai quitté leur père, je ne pensais pas me mettre dans des situations telles que celle-ci. Je me disais, elles sont grandes, elles vont comprendre. Mais non, apparemment cela les a plus affectées que ce que je croyais.

À la fin de la saison, je sens Sophie fatiguée car elle a beaucoup donné de son temps pour satisfaire à ses obligations, mais je la sens en pleine forme tout de même car elle sera bientôt en vacances. De plus, elle projette d'acheter un petit cabanon avec son copain et de l'agrandir pour y fonder son foyer. Je pense que ce projet lui donne des ailes, mais tout de même un souci supplémentaire. Enfin, comme je lui dis : « On n'a rien sans rien ».

Sophie me dit que lorsqu'elle se mariera avec son copain, elle ne pourra pas choisir entre certaines personnes de la famille. Cela sera sa fête et viendra qui veut. Mais je sais au plus profond de mon cœur que si tel était le cas, elle en serait tellement blessée qu'elle aura du mal à pardonner à tous. Elle ne fera pas la distinction. Que devrons-nous faire pour éviter qu'une telle situation se produise ? C'est l'avenir qui nous le dira.

Lorsque nous vivions en couple, sous le même toit, mon mari ne supportait pas ma famille. Il la tolérait mais sans plus. À présent, dès que l'on veut se rencontrer pour une fête de famille, cela crée des tensions par rapport à cela.

Aujourd'hui nous sommes le 12 avril 2010, ma fille a lu mon cahier bleu et elle m'a fait une lettre en m'expliquant ce qu'elle ressent. J'en ai beaucoup pleuré, car c'est vrai que j'ai toujours essayé de protéger mes enfants de tout et de rien. Je pense qu'elles n'ont peut-être pas eu une enfance normale, car je les surprotégeais. Interdit d'aller seule à l'arrêt du bus attendre comme les autres enfants le car scolaire, trop risqué. À la sortie des cours, même encore au lycée, il y avait toujours la petite voiture rouge qui attendait ses enfants, alors qu'elles étaient déjà des adolescentes et que j'aurais pu les laisser voler un peu plus de leurs propres ailes. Mais j'avais trop d'angoisse vis-à-vis des gens qui nous entourent. Le monde n'est pas si merveilleux qu'il y parait, toujours des êtres ignobles qui peuvent traîner pour faire du mal. C'est ma hantise qu'ils puissent faire du mal à mes petites chéries. Karine n'a que

19 ans, mais elle n'imagine pas l'angoisse que je peux me faire chaque fois qu'elle court la France, voire l'étranger afin de satisfaire ses envies d'indépendance.

Lettre de ma fille aînée

Ma petite maman,

Je t'écris car c'est plus facile d'exprimer ce que l'on ressent sur une feuille blanche. Je lis ton livre depuis quelque temps, et ça me permet de mieux comprendre les choses et la vie telle qu'elle est aujourd'hui.

J'ai toujours un sentiment d'appréhension avant d'ouvrir ce cahier bleu, car j'ai souvent peur de ce que je vais trouver en le lisant. Il me faut toujours quelques minutes avant d'ouvrir le cahier…

Je le tiens dans mes mains puis, quand je suis prête, j'ouvre enfin.

Je suis toujours captivée par ce que tu écris, et surtout par ton enfance.

Ça me permet de comprendre tellement de choses ! Et surtout pourquoi on est comme ça aujourd'hui, et qu'on mène une vie difficile si souvent.

En fait, je me rends compte que tu es quelqu'un de fort. Tellement forte que je me vois toute petite à côté ! Malgré tout ce qui t'es arrivé, tu es là, tu tiens le coup. Et tu essayes de reconstruire ta vie, d'être enfin heureuse à ton tour.

Je suis contente que tu aies trouvé quelqu'un avec qui faire un bout de chemin. Même si au début, ça n'a pas été facile d'accepter Georges, je vois que tu es heureuse avec lui. Tu souris tout le temps, tu sors, tu fais plein de choses que tu n'as jamais pu faire avant quand tu étais avec nous et papa.

C'est vrai que je ne pouvais pas avoir tout de suite une relation proche avec Georges, mais je l'apprécie même si tu en doutes parfois.

Il te comble de bonheur et c'est ça qui est important !

Pour revenir à ton enfance, j'aimerais tellement en savoir plus, même si c'est difficile pour nous deux. Pour toi, car tu dois revivre ces moments par l'écriture, et pour moi la révélation si douloureuse.

Je suis révoltée par ce qu'il t'a fait ! (ton père, si on peut appeler ça un père !)

Je pleure, je suis en colère, et j'ai de la haine envers lui ! Il t'a fait des tas d'horreur alors que tu étais juste une enfant sans défense. Il mériterait une grande claque dans la gueule. Si je pouvais la lui mettre, je crois que je lui arracherais la tête.

Je me rappelle quand j'étais petite, je te posais des questions sur lui. Son absence m'interpellait et toutes ces questions devaient te faire souffrir.

Comme ces journaux (je ne me rappelle même plus du nom) qu'il m'envoyait quand j'étais petite, sur les animaux.

Quel enfoiré, quand j'y pense ! Je comprends que tu n'aies jamais voulu qu'on le voit, tu voulais nous protéger, Karine et moi.

Aujourd'hui, je sais que tu angoisses à l'idée qu'il puisse décéder, mais sache que moi je ne me languis que de ça ! Quand il sera mort, cela fera une pourriture de moins dans ce monde.

Je t'accompagnerai dans cette épreuve, je serai toujours là pour toi.

Ne t'angoisse pas !

Je vais en finir là, car il y aurait de quoi en écrire des pages.

Sache que je t'aime plus que tout. Et que tu peux compter sur moi.

Bisous   Sophie

Chapitre 14 - Ma seconde fille, Karine

À présent, je ressens un besoin d'évasion sachant que je n'ai jamais trop fait ce qui me plaisait. J'ai pensé plus aux autres qu'à moi-même. Ma famille proche, mes sœurs notamment, me disent que j'ai raison de vouloir faire comme cela, que j'ai assez donné et qu'il faut un peu que je pense à moi. Mais, ma petite dernière, Karine, me fait culpabiliser. Par moments, elle est odieuse avec moi.

J'ai du mal à la comprendre, car je pense ne pas l'avoir élevée différemment de Sophie. Mais elles ne sont pas du tout semblables. Elles sont, je dirais, contradictoires, ou plutôt complémentaires. Je n'ai pas la même attache avec ma petite, car elle me repousse et cela me blesse beaucoup. Mais apparemment elle ne sait pas comment me prendre. Cela reste très douloureux pour nous deux. Avec le temps, je pense que l'on arrivera à avoir une complicité. Mais je pense qu'il faut encore du temps pour arriver à ce but. Il faut bien que la vie se poursuive, malgré les ennuis que j'ai pu avoir depuis ma plus tendre enfance.

Karine, à la préadolescence, devait avoir 10 ou 11 ans, quand elle s'est rendue en vacances chez une copine qui avait déménagé au bord de la mer. Elles étaient très amies et cette copine l'a invitée chez elle pour les vacances scolaires. La semaine passée chez cette famille doit être gravée dans la mémoire de ma fille, et le restera sûrement encore longtemps. Le frère de sa copine était âgé à cette époque d'environ seize ans. Il est allé chaque soir dans le lit de ma fille, pour tenter de lui imposer des rapports sexuels.

Karine s'en est plaint à sa copine, mais celle-ci faisait semblant de ne pas comprendre ce qu'elle lui disait. Bien entendu elle protégeait son frère, et par la même occasion sa propre famille. À la fin de la semaine, je me suis rendue chez eux pour aller rechercher mon enfant. Nous avons pris le repas avec eux, avant de regagner notre logement. Karine ne m'avait toujours rien dit de ses préoccupations. J'ai apporté un cadeau à la maman de cette fillette pour la remercier d'avoir reçu si gentiment ma petite. À ce jour, je regrette toujours mon geste.

Quelle honte de s'être fait avoir de la sorte. Karine est une fille avec du tempérament, elle est combative, déterminée, affirmée. De retour chez nous, elle a raconté à toutes ses copines ce qui s'était passé chez ces gens. Bien entendu, dans leurs petites têtes d'enfants, ils ne savaient pas quoi faire pour venger leur copine de classe. Mais apparemment ils ont mis en place une stratégie qui aurait pu très mal tourner. Des élèves proches de Karine ont téléphoné au garçon concerné, pour lui faire peur. Ils l'ont même menacé de lui casser la gueule. Ce garçon était très avancé pour le sexe, mais apparemment pas très courageux pour affronter ses agissements. Dès les premiers appels téléphoniques, il a raconté à sa mère que des garçons le menaçaient sur son téléphone portable. La mère a pris au sérieux cette affaire et a porté plainte à la gendarmerie. Les gendarmes ont identifié le téléphone d'où étaient émis les appels adressés à ce garçon.

Un gendarme m'a informé que ma fille Karine menaçait un garçon avec son téléphone portable. Je ne comprenais pas ce qui se passait dans sa tête. J'ai répondu au gendarme que j'allais me renseigner auprès de Karine et que je les tiendrais informés des événements. Lorsque j'ai pris à part Karine à la sortie de l'école, elle ne savait plus quoi me dire. Elle paniquait et ne savait pas comment me dévoiler toute cette affaire. C'est seulement quand elle a pris conscience que cela pouvait aller jusqu'au tribunal, si la famille ne retirait pas sa plainte, qu'elle s'est mise à me déverser toute l'histoire. J'étais de nouveau anéantie. Encore et encore. Quand est-ce que tout cela allait finir ? Si cela devait finir un jour.

Nous avons pris cette affaire à bras le corps, tout en n'en parlant pas à mon mari, lui n'aurait pas compris. Déjà pour Sophie il dit avoir un doute, que notre fille n'a pas compris la situation. Donc pas question de l'informer de cette nouvelle affaire.

J'ai appelé la mère du garçon en question pour lui raconter ce que ma fille m'avait confié par obligation. Elle m'a annoncé qu'elle dirait que Karine avait tout fait pour que son fils tombe amoureux d'elle et qu'elle était consentante.

Une mère peut parfois être complètement illogique lorsque son enfant à de tels agissements. Je comprends, mais je ne l'approuve pas pour autant. Quand on a compris que cela allait être très difficile de plaider une telle affaire, et qu'en plus ils étaient tous les deux des mineurs, nous avons décidé de ne pas poursuivre ce combat.

J'ai donc appelé la maman pour lui demander d'enlever sa plainte. C'est le monde à l'envers ! La victime devient une laissée pour compte. Notre famille était de nouveau victime, une troisième fois !

Comment ne pas sombrer après avoir vécu depuis de nombreuses années de telles injustices qui se répètent et se répètent encore ?

Je me demande si un jour notre monde deviendra meilleur, quand on voit que maintenant les médias parlent de ce genre d'affaires très fréquemment, cela montre bien que jusqu'à ce jour notre société se voilait la face sur de tels agissements incestueux.

Une telle enfance brise à jamais l'adulte que l'on va devenir. Les gens qui n'ont jamais connu de tels déboires dans leur famille ne comprennent pas ou ne veulent pas comprendre que cela peut exister. Cela fait peur à notre société de devoir affronter de telles blessures psychologiques.

Elles s'estomperont avec les années, mais on sait qu'elles ne guériront jamais.

Mes pauvres enfants, même votre mère n'a pas su vous protéger vis-à-vis d'adultes inattaqués, inattaquables, car la justice est à double vitesse et les victimes ont parfois peur d'affronter le système judiciaire et son terrible carcan.

Chapitre 15 - Séparation

Au moment de la séparation avec mon époux, j'ai été très affectée de me retrouver seule dans un appartement. J'ai horreur de la solitude. De plus, ma fille Karine a très mal vécu cette situation, elle a été très blessante vis-à-vis de moi. Elle m'a reproché, pendant de longs mois, certains de mes agissements. Je pense qu'à l'époque elle n'était pas mûre. De plus, je supportais mal qu'elle me juge alors que j'ai toujours été à l'écoute de mes enfants. Lors de mon adolescence, je m'étais juré que je ne ferais pas d'enfants si je ne pouvais pas leur donner une bonne éducation, C'est ce que j'ai fait, mais je pense que j'ai un peu trop laissé les enfants prendre le dessus. Je ne savais pas leur dire : « Non ! » De ce fait, elles ont été gâtées pourries, comme on dit.

Chapitre 16 - La famille, Dan et Jo

Depuis ma séparation, je vis seule dans un petit appartement. Il m'arrive de me réveiller la nuit avec la peur au ventre que tout recommence un jour. Je redoute chaque jour que l'on m'annonce le décès de mon père, car je ne sais pas comment je réagirais en apprenant cela.

Mon frère n'est plus de ce monde pour nous soutenir dans ces moments terribles. Il a été emporté par un cancer du médiastin en quelques mois. Je me rappelle une phrase terrible qu'il m'a dite, lorsqu'il était à l'hôpital : « Je paie le mal que je vous ai fait, je n'ai pas su vous protéger ». Comment l'enfant qu'il était à l'époque, a pu garder de telles pensées en devenant adulte ?

Il n'est bien entendu aucunement responsable de ce qui nous est arrivé, nous n'étions à l'époque que des enfants et le seul responsable c'est l'adulte, soit mon père.

Dan, tu nous manques toujours autant. Sache que dimanche, lorsque nous avons fêté les 54 ans de Chris, ta place et celle de ta femme n'étaient plus occupées.

Quelle tristesse ! Les années passent mais ne comblent pas notre douleur de t'avoir perdu trop tôt. 42 ans, c'est jeune et nous n'avions pas fini de nous dire tout ce que chacun de nous avait pu endurer. Avec le temps, je n'arrive plus si facilement à téléphoner à ta femme, alors que ne s'est pas l'envie qui me manque. Mais je sais qu'elle n'a pas fait son deuil. Elle ne refera jamais sa vie. Je pense que ce n'est pas ce que tu aurais voulu, mais je n'ose pas lui faire comprendre. La douleur pour elle aussi est encore trop présente dans son cœur.

Au foyer, Jo ne m'a jamais épaulée. C'est ce que les enfants au foyer pensaient de ma sœur. Elle n'a jamais pris ma défense dans les conflits.

Elle n'a pas fait de thérapie, son mari était contre, il fallait qu'elle garde ses souffrances. Elle est comme moi, sous antidépresseurs, dont on préférerait se passer, et ne plus prendre ces drogues. Pour l'instant impossible.

Comment arriver à vivre normalement sans penser à tout ce mal qui nous ronge de l'intérieur ?

Lors d'une soirée trop arrosée, nous avons eu une altercation avec ma sœur Jo. Je pensais qu'elle allait me téléphoner pour s'excuser de son attitude. Mais non, rien n'est venu de sa part. Nous avions pris rendez-vous pour partager de nouveau un repas le week-end suivant. La veille de cette fin de semaine, elle a fait appeler son mari pour me demander si c'était toujours d'accord pour notre repas. Mais rien vis-à-vis de notre querelle. Aucune excuse, et aucune gêne de sa part. Je n'en ai pas fait cas, mais j'ai toujours ce poids sur mon cœur. Et je n'arriverais jamais à lui dire ce que j'ai ressenti cette fois-là.

Chapitre 17 - Donations

Ces derniers temps, j'ai effectué toutes les démarches concernant mes assurances vie. J'ai aussi contracté une assurance obsèques. Ainsi, s'il m'arrive quelque chose, mes enfants n'auront rien à débourser pour moi. Par moments, j'ai envie d'aller rejoindre mon grand frère. Je me dis que comme cela tout sera terminé et que je n'aurais pas à supporter le départ de mes deux parents. C'est ma hantise. Je crois que je ne pourrais pas le supporter. Tout mettre en œuvre pour leur fin de vie m'est insupportable. Pour ce qui est de ma mère, mes demi-frères et sœurs qu'elle a élevés et mon beau père pourront éventuellement s'en occuper. Mais pour mon vieux – je ne peux plus dire papa pour parler de lui – m'occuper de ses obsèques est inimaginable. Mes deux autres sœurs se voilent la face et me disent que l'on verra lorsque le moment viendra. Comment cela se passe-t-il lorsque les enfants ne veulent pas assumer cette douloureuse tâche ? Qui peut nous renseigner sur le sujet ?

Ma fille Karine est peut-être un peu moins désagréable avec moi ces derniers temps, mais je ne la sens pas très sincère vis-à-vis de moi. Je lui ai tout donné dans sa petite enfance et maintenant que je suis séparée, il n'en est pas de même de son côté en ce qui me concerne, bien que je mette tout en œuvre afin d'essayer de la satisfaire. Elle va bientôt avoir 20 ans et je trouve qu'elle n'est pas très adulte dans sa tête sur certains problèmes de la vie. Aussi, elle vient de moins en moins le week-end, elle sait que je vais chaque fin de semaine chez mon copain, mais ce n'est pas pour cela qu'elle prévoit de m'appeler afin que l'on puisse se rencontrer un peu. Elle m'échappe complètement. Elle ne fait pas toujours les efforts que je souhaiterais lui voir faire. Mais pour elle, elle a un papa et une maman, et il faut toujours faire comme elle le désire. Ce n'est pas toujours facile de continuer à voir mon ex pour lui faire plaisir.

En parlant avec lui, j'ai appris qu'il n'a toujours pas dit à son père que nous étions séparés. Ainsi, dès qui lui arrive quelque chose à la maison de retraite, je suis obligée de me rendre auprès de lui, car il ne veut pas le tenir informé de cette situation. Par moments, j'ai l'impression de vivre pour les autres et non pour moi. Comment arrêter tout cet engrenage sans blesser personne ?

Chapitre 18 - Le passé refait surface

Je crois que lorsqu'elles subissent des violences sexuelles, les petites victimes n'osent pas expliquer à leur entourage l'enfer qu'elles vivent.

Parfois nous avions une vie normale de petite fille, nous jouions comme tous les enfants. Mais ensuite nous étions considérées comme des adultes avec les tourments qui les accompagnent. De plus, les nonnes ne nous aidaient pas du tout. À longueur de journée, nous ne devions pas faire de péchés, sinon Dieu nous punirait et nous irions en enfer. Elles ne devaient pas être non plus très claires.

Les sœurs du foyer ne pouvaient pas voir ma mère, donc elle ne faisait rien pour que nous puissions la rencontrer. Au contraire, lorsqu'elle séjournait dans la ville où nous habitions, elles ne nous informaient pas de sa visite.

Pourquoi, dans le temps, on se voilait la face ? On faisait comme-ci ce genre de comportement n'existait pas.

Il était très courant que des hommes et des femmes fassent souffrir leurs enfants dans le silence, mais on ne devait pas divulguer ces secrets de famille.

Ma tante Irina, la sœur de mon père, nous a passé un savon lorsque l'affaire a été portée devant les tribunaux.

Encore aujourd'hui, elle ose nous dire que si on lui avait confié les problèmes que nous rencontrions, elle lui aurait mis une bonne correction, mais que le monde extérieur n'aurait rien su de cette affaire. En tant que femme, comment peut-on réagir de la sorte ? Elle a eu une fille et un fils, mais elle avait vraiment des œillères. De plus elle a perdu son mari très jeune, il était grutier, et il est tombé mortellement de sa grue pendant ses heures de travail, cela l'avait beaucoup affectée. C'est peut-être pour cela qu'elle a mal réagi. Mais encore aujourd'hui nous lui reprochons le fait qu'elle a payé à mon père le meilleur avocat pour sa défense. Ce qui lui a permis d'avoir une bonne défense et bien entendu une sentence très minimisée (circonstances atténuantes). Parfois la justice n'est pas juste envers les petites victimes. Elle ne voit pas le mal que l'on peut ressentir et qui nous ronge même à l'âge adulte. Mais elle ne voit que l'individu déjà incarcéré, et bien entendu elle minimise la chose. De plus notre famille proche (mère, oncle, tante) n'ont pas trouvé mieux que de nous laisser nous débrouiller, avec nos problèmes avec les tribunaux. Avec ce que je connais aujourd'hui du principe de la justice, je crois que l'on serait plus forts pour se battre et nous ne baisserions pas aussi vite les bras.

Les nonnes n'ont pas fait non plus leur travail d'écoute. Au contraire, il ne fallait pas parler de la chose avec les autres enfants du foyer. Nous devions enterrer tout ça pour ne plus jamais le laisser sortir. C'est ce que nous avons fait à cette époque, afin d'avoir la paix au quotidien.

Mais bien entendu il fallait que cela sorte un jour, et c'est encore plus douloureux qu'à l'époque, car enfoui au plus profond de nous. Chaque bribe de ces événements ressort à petite dose et remonte à la surface par étape. C'est en faisant marcher ma mémoire que j'arrive à exorciser certaines douleurs de mon passé. Je sais qu'à ce jour tout n'est pas remonté à la surface, j'ai toujours peur de ce que je vais encore découvrir.

Quand est-ce que cela va aller bien pour moi ? Un été, pendant des vacances en Espagne avec mon copain, j'ai plusieurs fois pleuré le soir dans mon lit en repensant à tout cela.

Chapitre 19 - Déménagement

Dernièrement, j'ai changé de logement et on m'a aidé à déménager. Je me suis donc retrouvée dans de nouveaux murs.

Chaque soir je n'arrive pas à m'endormir et, de plus, toute la nuit je fais des cauchemars sur tous les événements de ma petite enfance. J'ai de nouveau peur la nuit comme une gamine, j'ai la hantise que mon père vienne chez moi, alors que je sais que c'est pratiquement impossible, mais je ne parviens pas à me raisonner. Cela dure, dure et je n'en vois pas la fin. J'ai pris ce nouvel appartement qui est plus petit que celui que j'occupais tout d'abord, parce qu'il possède une très grande terrasse, et en plus il se trouve à l'étage. Mais comment expliquer que je suis toujours perturbée dans ma tête. Arriverais-je à m'en sortir ? J'ose y croire. Le jour où ma fille a fêté ses 20 ans, je me suis dit : « Quel bel âge ! »

Je suis heureuse qu'elle n'ait pas trop de problèmes dans la vie et qu'elle soit super équilibrée. Je suis pressée d'arriver à la fin de son année scolaire pour savoir si elle a validé sa première année. Je sais que lorsqu'elle souhaite ardemment quelle chose, elle arrive toujours au bout. Mais tout de même, je serai plus tranquille quand je saurai qu'elle commence sa deuxième année.

Mon mal de dos a repris le dessus, je me sens vidée, épuisée, et surtout mal dans ma peau. De plus, dernièrement j'ai eu une discussion avec mon copain, et cela m'a un peu perturbée, je tiens à lui et je ne souhaite pas que notre relation s'arrête, bien que Karine ne veut pas le voir. Dès qu'elle est en sa présence, je ressens son animosité envers lui. J'ai du mal à comprendre, surtout qu'il ne lui a rien fait de mal. Elle sait très bien montrer à son entourage proche lorsqu'elle aime ou n'aime pas quelqu'un. C'est une dure à cuire. Je ne vois pas comment elle peut avoir ce caractère méprisant envers quiconque. Elle n'a pas eu, selon moi, une enfance difficile qui peut parfois engendrer ce genre de comportement. Ou bien je ne sais pas tout de sa vie privée. C'est vrai qu'elle est un peu cachottière et qu'elle garde tout pour elle.

Et parfois, sans rien demander, tout explose et on en prend plein la figure. Mais il faut faire avec son côté positif et son côté négatif qui est plus fort que le premier, il me semble.

(extrait de mon journal)

Il faut toujours s'investir pour que l'avenir soit meilleur. Depuis lundi, je suis en panne d'antidépresseur, j'ai pleuré toute la journée, sans savoir pourquoi. Je n'arriverais plus jamais à m'en passer. Le temps que l'on a eu depuis de nombreuses semaines ne fait rien pour arranger mon moral, au contraire, je suis désespérée. Ma collègue de travail est aussi en pleine dépression, mais je ne sais pas comment l'aider, car je ne suis moi-même pas très vigoureuse en ce moment. J'ai repris les séances de kiné pour soulager mon dos, mais cela fait un truc supplémentaire à s'occuper et cela me laisse moins de temps pour moi. Je suis une grande lectrice et je n'arrive plus à lire correctement un paragraphe, il me faut relire plusieurs fois de suite la même phrase pour comprendre ce que je lis ; c'est grave. Est-ce que cela va se stabiliser par la suite ? Je n'en sais rien. Mais pour moi la lecture est hyper importante. Alors si cela reste ainsi, je vais être malheureuse et mon temps de loisirs va connaître un grand vide sans hobbys.

Ce soir nous allons au restaurant avec mon ex pour fêter l'anniversaire de ma fille, cela va être un peu délicat de devoir faire attention de ne vexer personne. C'est toujours un problème de devoir faire quelque chose ensemble pour les enfants. Samedi, Karine organise sa fête avec ses amis, c'est mieux ainsi. Comme cela elle ne sentira pas de tension entre ses parents, puisque nous n'y serons pas. C'est le plus important, lorsque l'on est parti pour s'amuser et profiter de sa fête.

Chapitre 20 - Relances de mon ex
(extrait de mon journal)

Actuellement je suis plus entourée par mes amis que par ma propre famille. Par contre mon ex m'appelle tous les jours au téléphone, pour n'importe quelle raison. J'ai beau lui dire d'arrêter, il fait semblant de ne pas comprendre. Il m'appelle sur mon lieu de travail, il lui arrive même de venir pour soi-disant faire des photocopies. Ce n'est pourtant pas un lieu public où l'on peut venir à tout bout de champ ! Je n'arrive pas à lui faire entendre raison, tout est prétexte pour me voir, il faut coudre un bouton sur son pantalon, lui rédiger un dossier pour un organisme, lui faire des photocopies, il a besoin d'un catalogue genre la redoute, etc. Je suis à bout de nerfs. Je lui dis d'arrêter de m'appeler pour rien, mais c'est toujours pareil. En plus, actuellement il est au chômage, alors c'est encore pire qu'avant. J'ai toujours peur qu'il vienne à mon appartement quand il y a mon copain. C'est une vie de dingue. Il faut toujours que je sois à l'affût de cela. J'ai l'impression de devoir mentir afin de ne blesser personne. Mais Stop ! Il faut que tout cela s'arrête un jour. Le soir je n'arrive pas à m'endormir sans penser à tous ces inconvénients qui me ruinent la santé pour rien. Les comprimés que je prends pour dormir ne me suffisent plus. Que faire pour recommencer à être bien dans ma peau ?

J'ai l'impression que mon esprit fait le yoyo ! Parfois, je suis bien, et de nouveau je suis au bord du gouffre. Jamais je n'arriverais à ne plus prendre de médicaments. J'ai besoin de cette drogue et, malgré tout, je ne suis pas bien dans ma peau.

Je n'arrive même plus à en parler avec mon entourage. Je me renferme sur moi-même. Je travaille à mi-temps mais je suis encore plus débordée qu'avant. Je ne fais que dormir l'après-midi car, comme la nuit c'est sans arrêt le stress, j'ai besoin de repos à un moment donné. Mais la fatigue est toujours aussi présente. Vivement les beaux jours, car j'ai l'impression que dès que le soleil arrive, l'humeur va mieux. J'ai beau me dire qu'il y a plus malheureux que moi, rien n'y fait.

Chapitre 21 - Ma mère

Ma mère adorait l'argent des autres, mais elle n'aimait pas travailler. Alors difficile d'en avoir quand on ne compte que sur autrui. Le peu de fois qu'elle venait nous voir au foyer, c'était pour nous dire qu'elle nous récupérerait à notre adolescence et, dans son esprit, s'était pour nous mettre au travail. Nous avons appris par ma tante qu'elle avait déjà inscrit ma sœur Chris dans une usine du département, afin qu'elle rapporte de l'argent au ménage, car avec six derniers enfants, la vie à la maison était difficile. Elle comptait donc sur ses quatre premiers enfants qu'elle n'a pas élevés pour subvenir au besoin de sa nouvelle famille. Gonflé quand même ! Mais pour elle c'était plus que normal : on doit s'épauler dans le besoin. C'est sa théorie, mais surtout plus la mienne. Je ne peux pas accepter ni même supporter de devoir donner de l'argent à cette femme. Je ne lui pardonnerai jamais de nous avoir abandonnés, si jeunes, et d'avoir pu refaire aussi facilement une nouvelle vie avec un autre homme, avec lequel elle a eu six nouveaux enfants. C'est ce que l'on peut appeler une mauvaise mère.

Elle arrive bientôt à la fin de sa vie, elle pourrait se remettre en question, mais je sais d'ores et déjà qu'elle n'a aucune rancœur de nous avoir abandonnés. Pour elle nous avons eu un bon foyer à l'orphelinat. Alors de quoi se plaint-on ? D'autres sont plus malheureux, quoi de plus normal que de se déculpabiliser.

Dans de tels moments, le souvenir de mon frère refait surface et je donnerais ma vie pour savoir ce que lui a pu garder comme souvenir néfaste sur notre petite enfance. Si, comme le dit la religion, je compte sur notre rencontre dans l'au-delà pour avoir les réponses à toutes mes questions, je verrais donc plus tard… ou pas.

Chapitre 22 - Nouvel vie avec Georges

Je pense que mon copain ne comprenait pas pourquoi j'avais de la peine, il était dérouté par mon attitude. Quand je suis de nouveau plongée dans ma petite enfance, je ne peux expliquer à personne ce que je ressens. C'est moi et ma tête qui n'allons pas bien. Je sais pertinemment que si je ne prends pas de comprimés je suis de nouveau dans le gouffre. Comment arriver à me sortir de ce guêpier ? Seul l'avenir le dira. La vie est dure, mais j'ai quand même des projets, tout n'est pas négatif.

Ne serait-ce que connaître mes petits-enfants, voir le mariage de mes deux filles et savoir que Karine peut exercer son métier. Alors je pense que le meilleur est à venir. Tout ne peut pas être morose. Il faut savoir prendre le bon et abandonner le mauvais. C'est ce que j'essaie de faire avec bien entendu des hauts et des bas.

Les comprimés que je prends la nuit pour dormir me laissent de moins en moins de temps de repos, on dirait que j'ai une accoutumance à cette drogue et je dors environ quatre heures par nuit, je suis de plus en plus fatiguée et heureusement que l'après-midi j'arrive à faire un peu la sieste, sinon je serais une loque. De plus, la dernière fois j'ai pris mes médicaments le soir avant d'aller me coucher, mon copain en a profité pour me sodomiser, alors que j'étais sous l'effet de cette drogue. Le lendemain j'ai eu comme des flashs et je lui ai même dit d'arrêter, qu'il me faisait peur. J'ai ressenti cela comme un viol. Est-ce dû à mon enfance de martyre, ou est-ce que j'ai bien interprété la chose ? Je me pose toujours cette question. Est-ce que sexuellement je suis une personne normale ? ou bien vais-je vivre toute ma vie avec cette frustration de mon enfance ? On ne sait plus faire la distinction entre le vrai et le faux. Quel gâchis, je ne veux pas accepter de telles choses, en pensant que c'est mal. Comment faire pour être comme les personnes dites normales, et bien dans ma peau ? Peut-être qu'il faut plus de recul pour arriver à faire la part des choses. Je suis aussi malheureuse qu'au début de ma séparation avec mon ex. Quand est ce que tout va rentrer dans l'ordre ? Personne à part moi ne peut le dire. Aujourd'hui j'ai appelé ma sœur et ma fille aînée pour leur faire part de mes nouveaux tourments. Je sais que c'est aussi dur pour elle que pour moi, de savoir que je ne vais pas bien. Mais vers qui se tourner quand la situation devient intolérable ? Je ne sais pas si je ne serais pas capable dans ces moments-là de me supprimer. J'ai une telle vision de la vie que parfois je préférais ne plus être là qu'être présente dans des conditions précaires.

Nous avons passé le jour de l'an entre amis et la fête a été très réussie. J'ai appelé mes filles au milieu de la nuit du réveillon et elles ont été satisfaites de ces appels. De plus, elles m'ont envoyé toutes les deux un gentil message le lendemain du réveillon. Cela m'a fait énormément plaisir. Il faut parfois un presque rien, pour faire le bien autour de soi. La nouvelle année a commencé, mais je n'étais pas au mieux de ma forme physique, sous pression, je pleurais.

Chapitre 23 - Reconstruction

J'arrive un peu plus à parler de mes souffrances avec le monde extérieur, cela me libère un peu de mon lourd fardeau, même si parfois les gens ont du mal à comprendre mes propos. Mon compagnon a eu ce que l'on peut appeler une vie facile. Ils étaient quatre enfants à la maison, et son père et sa mère étaient de vrais parents. Les autres membres de sa famille étaient aussi très proches d'eux. Ce qui fait qu'il a du mal à comprendre mes angoisses. Pour lui, il faut passer à autre chose et continuer sa vie.

Il a perdu son papa jeune, des suites d'une maladie professionnelle, mais sa maman a su assumer la vie familiale avec toute la force qu'il lui a fallu pour faire face, mais elle n'a pas baissé les bras. À ce jour, elle est aussi décédée, mais il n'a gardé que de bons souvenirs de son enfance, ce qui fait qu'il peut être serein et plus ouvert à sa vie actuelle. Dès que des reportages passent à la télévision, sur la misère du monde, je ne peux m'empêcher de les regarder, mais il ne comprend pas cela. Dernièrement, nous avons vu dans les médias l'affaire Natascha Kampusch. J'ai suivi cette émission du début à la fin. J'ai été impressionnée par la force de caractère de cette fille ! Difficile à imaginer, quand on sait ce qu'elle a vécu.

Lors du passage de l'émission, mon compagnon ne comprenait pas qu'elle ne se soit pas enfuie plus tôt, sachant qu'elle allait par moment avec son agresseur ?

Les gens qui n'ont pas vécu la tension de la peur ne peuvent pas comprendre que l'on est pris dans un engrenage et que la peur parfois nous empêche de faire ce que l'on voudrait mettre en place. La peur de l'autre est telle que lors du passage à l'acte nous essayons de mettre tous les atouts de notre côté afin de ne pas basculer, la révélation dans le chaos. Pour revenir à notre cas, nous aurions pu signaler bien avant que mon père nous maltraitait, mais ces paroles sans cesse répétées nous en empêchait.

« Si vous parlez, je prends le fusil et je vous tue tous. Je n'épargnerais personne. Même votre mère et ses six bâtards ».

« Si je ne peux pas le faire de suite, lors de ma sortie de prison, je ne vous louperai pas ».

« Je trouverais où vous habiterez, et on ne m'arrêtera pas ».

Ces paroles restent ancrées dans nos mémoires. Et parfois les cauchemars recommencent à nous hanter, on ne sait pas toujours pourquoi. Mais c'est comme cela.

Lors de ma séparation d'avec mon mari. J'ai eu une période très négative vis-à-vis de toute cette mélasse. Je n'arrivais pas à comprendre ce que j'avais pu faire de mal pour avoir une vie d'épouse et de famille si triste. Je n'ai sûrement pas été une mère exemplaire, mais j'ai fait pour le mieux avec les moyens dont je disposais.

Je lis parfois des livres sur la souffrance des autres. J'ai besoin de savoir que des personnes que je ne connais pas ont aussi souffert. C'est bizarre comme est faite la nature humaine. Mais que faire pour corriger ce phénomène ? Je pense que cela m'aide à me reconstruire en tenant compte des explications des autres. Chacun est différent bien entendu, mais la vie parcourue peut être modifiée en tenant compte du vécu des autres. Cela ne peut pas être que négatif, sinon à quoi servirait de faire savoir au monde extérieur tous ces phénomènes de société. Je suis convaincue que, tout le reste de ma vie, j'aurais besoin de prendre des cachets pour tenir le coup, je ne me sens pas le courage d'arrêter ces traitements. J'ai encore souvent des crises de larmes, pour n'importe quelle raison, des bagatelles, des paroles dites, mais pas toujours blessantes. Allez savoir ce qui se passe dans ma tête. Mon thérapeute va prendre sa retraite et j'aurais besoin que nous abordions la fin prochaine des séances, cette échéance arrive à grands pas, et je me vois mal continuer sans aide de l'extérieur.

Chapitre 24 - Visite à Izieu et nouvelle maison de Chris

Dernièrement, nous sommes allés avec ma sœur et mon beau-frère visiter le mémorial d'Izieu dans l'Ain, là où des enfants juifs ont été victimes en 1944 d'une rafle par les nazis. Une fois à l'intérieur de la colonie, je me suis revue au foyer lors de mon enfance. Il faut croire que tous les établissements recevant des enfants sont fabriqués à peu près pareil. Cela m'a fait un choc. Les lettres et les dessins des enfants étaient accrochés au mur. C'était déchirant de voir que des enfants ont pu être aussi proches de la réalité, même de jeunes enfants.

La dureté de la vie fait mûrir plus vite toute personne. La seule consolation que l'on puisse avoir pour eux, c'est qu'ils devaient avoir de bons parents aimants et très responsables pour pouvoir laisser leurs enfants dans une institution. Qui serait peut-être le seul moyen de les sauver de l'ennemi.

Je ne sais pas si, en tant que parent, j'aurais pu laisser mes deux filles dans les mêmes conditions. Quand je pense à la vie que mon père nous faisait mener avec ses remontrances à tort et à travers, sa tyrannie. Il faudrait qu'il puisse un jour se rendre dans un établissement comme celui-ci pour peut-être avoir des remords et lui remettre en mémoire tout ce qu'il nous a fait subir.

Ma sœur Chris vient d'acheter une maison avec mon beau-frère et elle aménage toute sa nouvelle petite maison. Cela fait bien longtemps que je ne l'ai pas vue aussi heureuse. Je l'ai trouvée plus épanouie, mieux dans sa peau, et plus ouverte au monde extérieur. Je sais qu'elle a plus souffert que Jo et moi de notre petite enfance. Étant l'aînée, les adultes lui demandaient d'assumer des tâches qui ne devraient pas être confiées à un enfant.

Mais par la force de caractère, on prend sur nous et on arrive à faire bouger les montagnes, même très jeune. Je sais qu'étant la plus jeune de la famille, elle a essayé de me protéger le plus possible, mais n'étant pas toujours présente en même temps que nous chez mon père, cela lui était difficile de réagir à tout cela. Je lui dois une fière chandelle d'avoir été pour moi ma petite maman, comme je l'appelais à l'époque, ou bien Chris quand mon père était présent.

Chapitre 25 - La mort de mes parents

Je sais que la mort prochaine d'un membre de ma famille (père ou mère) va me mettre dans le chaos. Que cette échéance soit le plus tard possible. Actuellement, je ne me sens pas capable d'assumer cette charge. Oui j'ai bien dit CHARGE, FARDEAU, c'est vraiment le fond de ma pensée.

La dernière fois, lors de ma visite chez ma sœur, elle m'a parlé de ma mère. Elle m'a annoncé qu'elle était mal en point, qu'elle avait beaucoup vieilli. J'ai vu qu'elle était touchée. Mais j'ai peut-être mal réagi en lui disant que je n'étais pas touchée par ses paroles, que j'avais toujours à l'esprit notre enfance misérable et que sa fin de vie m'importait peu. Ai-je bien fait ? Je ne le pense pas. J'aurais mieux fait de ne rien dire. Mais je n'ai pas pu m'en empêcher. J'ai l'impression que mon frère, à la fin de sa vie, a eu besoin d'écrire de sa main sur son testament qu'il pardonnait à nos parents. J'ai aussi l'impression que ma sœur aînée va en faire autant. À ce jour, je n'arrive pas à comprendre leur réaction. Faut-il, lors de notre propre mort, pardonner pour se libérer ? Pas de réponse à cette question.

Encore plein de points à clarifier pour enfin continuer sereinement.

J'aime mes enfants plus que tout au monde, et j'ai parfois du mal à m'exprimer avec eux, encombrée par toutes ces zones d'ombre qui me passent par la tête.

Sophie est plus sensible pour comprendre mes angoisses, mais Karine, lorsque je suis mal dans ma peau et que je l'appelle au téléphone, me remonte le moral en me passant un savon. Elle estime que je ne prends pas ma vie en main, que je peux faire telle ou telle chose sans avoir besoin de personne. J'ai parfois du mal à comprendre sa nature. Peut-être est-ce dû à son métier qui ne lui permet pas de s'apitoyer sur les autres ? Il y a sûrement une réponse, mais je ne comprends pas toujours ses remarques.

Chapitre 26 - L'incarcération de mon père et ses conséquences

Après le procès, mon père a été incarcéré environ une année, dans la prison d'une grande ville. Les adultes pensaient à tort que nous allions venir le voir au parloir de la prison. Nous étions trop affectées pour encore penser à lui. De plus dans cette prison, les détenus étant très nombreux, il y avait beaucoup de promiscuité. Ce n'était pas très évident de pouvoir garder ce secret pour nous seuls, la raison de son enfermement. Bien entendu, les autres détenus ont appris pourquoi mon père avait été emprisonné.

C'est pourquoi ils voulaient lui faire la peau. J'ai appris que pour les détenus, le fait de toucher à des enfants est une chose inadmissible. Ils voulaient donc nous rendre justice. À plusieurs reprises, lors des promenades dans la cour de la prison, ils se sont mis à plusieurs et ont passé mon père à tabac. Une fois ils l'avaient tellement amoché qu'il a eu des séquelles. Cela a été très dur pour lui. Alors, le directeur de la prison a mis en place un nouveau règlement rien que pour lui. Il vivait la vie de la prison, mais en décalé par rapport aux autres. Cela lui importait peu car il aimait la solitude et n'était pas très désireux de parler avec les autres.

Le fait de se retrouver seul dans une cellule a dû être pour lui une consolation plutôt qu'une punition. Mais vis-à-vis de la prison, cela est vite devenu une contrainte de devoir faire différemment pour un seul prisonnier. Ils ont interrogé le foyer où nous étions pensionnaires pour leur demander si nous ne ferions pas intervenir notre droit de visite. Après plusieurs tentatives des sœurs pour nous faire changer d'avis, il leur a été répondu que nous ne souhaitions pas poursuivre de contact avec lui.

Il a donc été décidé de le transférer dans une autre région. Je l'ai appris de mon père qui continuait de m'écrire, à moi seule, pensant me faire changer d'idée à son sujet. Là-bas il lui a été mis en place un régime de faveur dès son arrivée. Il était dans le secteur des détenus dits les moins difficiles et, de plus, il avait toujours sa propre cellule. Sa vie là-bas s'est mieux passée que dans la première prison. Par ailleurs, il avait un don pour se faire aimer par les gens et il arrivait toujours à ses fins lorsqu'il demandait une faveur. Il était très doué de ce côté-là. C'est pourquoi lors de notre enfance et lors du procès, ils ne sont pas arrivés à lui faire avouer son délit. Devenue adulte, je pense qu'il avait du mal à s'imaginer qu'il ait pu faire une chose pareille. Finalement, quand il nous rabâchait chaque jour que si l'on parlait aux adultes, on ne nous croirait pas, c'est un peu ce qui s'est passé. De plus il avait un très bon avocat qui a été payé par sa sœur. Celui-ci a bien su le défendre, en expliquant qu'il avait eu une enfance très dure.

En effet, il avait perdu ses deux parents très jeune et avait vécu chez des fermiers qui ont été très durs avec lui. Cela a peut-être effectivement contribué à son mauvais caractère. À notre adolescence, nous avons demandé de nouveau à rencontrer le juge et, lors de cette rencontre, nous lui avons demandé de vérifier que mon père ne pouvait pas revenir dans notre région lorsqu'il sortirait. (Chose que nous avions déjà demandé au procès). Après vérification, il a pu nous rassurer et nous signaler que le nécessaire avait bien été plaidé et accepté lors du jugement. Nous savions par ces écrits qu'il allait bientôt sortir de prison et la peur nous tenaillait de savoir qu'il serait libre de ses mouvements. Lorsque nous étions enfants, il nous avait tellement seriné que lors de sa sortie de prison, si un jour il y allait par notre faute, dès sa sortie, il viendrait nous faire notre compte. Nous le savions capable de tels actes. Il savait de source sûre que Jo et moi nous vivions encore au foyer. C'était donc facile de nous trouver, sans chercher bien loin. Lors de sa sortie du pénitencier, il a pris contact avec sa sœur Irina, la seule qui l'a toujours épaulé. Il lui a demandé de lui chercher un appartement et de se porter caution pour lui sachant qu'il n'avait pas de fiche de paye. Elle a accepté sans se soucier de nous.

De plus, elle s'est mise en quête de lui trouver un travail intéressant, ce qu'elle est arrivée à faire, sachant qu'elle avait beaucoup de connaissances dans le milieu du bâtiment. Il a donc eu droit à son emploi grâce à elle, dans le milieu du gardiennage. Il était alors gardien de nuit dans une grosse usine de la région. Elle lui a aussi trouvé un logement à proximité de notre ville, malgré l'interdiction de revenir dans notre région. Son juge de liberté des peines auquel il rendait ses rapports périodiques n'a pas été troublé par cette constatation. Je me demande même s'il vérifie ce qui a été stipulé sur le procès pour laisser un détenu faire comme bon lui semble. Nous avons appelé ma tante pour lui dire ce que nous pensions de son acte. Elle a pris la chose très au sérieux, en nous stipulant qu'elle prendrait son frère en charge et qu'elle ferait tout ce qui lui était possible pour que rien ne nous arrive. Mon cousin était contre cette affaire, mais elle lui a dit de ne pas se mêler de nos affaires et de faire sa vie de son côté sans penser à nous. Nous n'avons plus eu de contact avec lui après le procès et, même à ce jour, je ne sais pas s'il pense encore à nous.

J'ai lu le livre de Natascha Kampusch et je l'ai fini. Je me rends compte que, comme elle le démontre si bien dans son histoire, l'adulte a une telle emprise sur l'enfant que nous sommes, il peut donc avec facilité nous faire prendre conscience que c'est lui seul qui décide de la suite. C'est un lavage de cerveau. Nous ne pensons jamais à essayer d'aller à son encontre. C'est effectivement ce qui se passe dans notre cerveau d'enfant. Nous pensons que nous sommes les seuls êtres responsables et qu'il pourra à tout moment mettre un terme à notre souffrance. Mais nous n'arrivons pas à déclencher dans notre cerveau un élément qui va nous permettre d'avancer. Nous nous posons sans cesse des questions comme :

- Si je le dénonce et qu'il tue toute ma famille, je serai encore plus effondrée.

- Si je le dénonce, qu'il n'a pas le temps de mettre son projet à exécution et qu'il finit ses jours en prison ? Que ressentirai-je ? Serais-je plus heureuse pour autant ?

Voilà le genre de question que l'on repasse en boucle dans sa tête. De plus pour Natascha Kampusch, s'était plus facile, entre guillemets, car la personne qui l'avait captivée était un étranger, donc moins de remords à avoir, et je pense plus facile à dénoncer. Mais quand il s'agit de sa propre famille, en l'occurrence son père, c'est un être que l'on a aimé et que l'on respecte encore. Alors le dénoncer est plus long à mettre en place et demande un cheminement plus compliqué. Je sais qu'elles se sont posées les mêmes questions pendant plusieurs années, et nous n'avons à ce jour pas de réponse. J'ai du mal maintenant à comprendre pourquoi, entre nous, nous avions du mal à parler de cette maltraitance. Est-ce que l'on se voilait la face ? Pour éviter de nous faire plus de mal. Ou bien pensait-on que nous étions seules à être victimes de sévices sexuels ? Nous ne voulions pas perturber l'autre par nos mauvaises pensées. Un adulte peut avoir une telle emprise sur un gamin, que je conçois que cela arrivera encore à d'autres enfants de vivre des souffrances inutiles. Rien ni personne ne pourra arrêter ce phénomène. Dans le temps, il y avait les fameux secrets de famille, enfermés pendant des décennies dans les placards.

C'était déjà d'actualité. Cela a toujours existé. Maintenant, avec les médias et la presse, les victimes sont plus informées de leur droit, elles ont plus d'écoute. Elles peuvent même faire appel à un organisme extérieur à leur entourage, donc avec le recul, je pense qu'il est plus facile de lâcher le morceau, tout en gardant en mémoire que la fin tragique de l'histoire, nous ne la connaissons pas. Mais arrive un moment où l'enfant a besoin de se reconstruire et penser à sa vie future. Il faut donc poser notre fardeau et penser un peu à soi. C'est ce cheminement qui est difficile, car dès que l'on a de nouveau un cap à endurer, toute cette douleur revient à la surface et on nage de nouveau dans la mélasse. Comment arriver à faire abstraction de nos vieux démons et poursuive notre lutte, sans penser à notre vécu ? Pas de réponse à une telle question.

C'est toujours encore frais dans ma mémoire. Et je peux même dire qu'avec les années c'est revenu en force, car la solitude doit nous faire méditer sur notre avenir et les années sombres se mêlent ainsi avec les nouvelles. La nuit, lorsque je n'arrive pas à dormir, des flashs de mon enfance refont surface et je suis ravie lorsque ce sont de bons moments. Mais ce sont les périodes noires qui ressortent le plus.

Je suis mieux dans ma peau qu'au début de ma thérapie, mais ce n'est pas encore la plénitude. Avec des années de traitement peut-être que l'on arrivera à de meilleurs résultats. C'est ce que je conçois et j'espère de tout cœur. J'aimerais avoir une vie sans tourments lorsque surviendra un heureux événement dans notre famille.

Chapitre 27 - Bonne continuation

Je souhaite connaître la suite, partager la vie de mes enfants, leur mariage, les naissances et tout ce qui peut encore arriver de bon dans notre famille désunie. Il faut s'accrocher, tenir le coup, se battre, toujours se battre. Mais cela va-t-il devenir paisible pour nous tous ? Peut-être rapidement, peut-être jamais, seul l'avenir me le dira. La vie, oui ma vie, est bien monotone et triste depuis toutes ces années. Quelle vie !

Heureusement que j'ai de belles filles. C'est au moins une des choses importantes et heureuses que je laisserai à mes gendres, aux beaux-parents et aux amis de mes filles. Je souhaite que pour elles la vie soit moins néfaste qu'elle ne l'a été pour moi. La vie est parfois dure et pas toujours satisfaisante. J'espère qu'elles trouveront le réconfort dans leur entourage, qu'elles sauront donner du bonheur afin d'en recevoir.

Avec tout l'amour que j'ai pour elles, continuons à nous épauler lors des mauvais moments. Je compte davantage sur mes filles dans les moments difficiles.

Je préfère ne pas perturber ma petite dernière, afin qu'elle réussisse rapidement son cursus scolaire, et qu'elle n'ait pas à attaquer une année de plus. L'insouciance du monde étudiant ne peut que lui faire du bien et lui maintenir le moral à bloc pour arriver à ses fins. J'espère qu'elle obtiendra son diplôme et je lui souhaite une bonne réussite avec un métier stable, dans un domaine où le travail ne manque jamais et qu'elle n'aura que l'embarras du choix.

Chapitre 28 - La maladie de Jo

Cher journal, je peux me confier un peu à toi, et cela me permet de mettre des mots sur les tourments de la vie. Jo a souffert de décembre 2011 à juillet 2012. Elle est décédée le 4 juillet 2012, à l'âge de 53 ans.

Dernièrement, alors que ma sœur me disait depuis une dizaine de jours que tout allait bien, j'ai réalisé que ce n'était pas la réalité. Elle souffre, malgré le lourd traitement qu'elle prend. Elle m'a dit des choses qu'elle ne m'avait jamais dites auparavant, notamment sur notre petite enfance. Elle a toujours eu du mal à en parler, mais j'ai réellement senti qu'elle avait besoin de suivre une thérapie, car elle a comme nous pas mal de choses à évacuer afin de se libérer de notre lourd fardeau. Moi qui croyais qu'elle n'avait pas trop souffert de cette enfance. C'est seulement à plus de cinquante ans que je me rends compte qu'elle a autant pris sur elle, afin de ne pas nous blesser sur toutes ces choses horribles que l'on a vécues. De plus, elle en veut maintenant aussi à son mari de n'avoir pas pu durant sa vie évacuer ce trop-plein de souffrances. Elle me dit qu'elle est parfois dure avec lui, malgré tout le mal qu'il se donne pour pouvoir être à son écoute durant ce dur combat qu'est la maladie. Elle a peur des conséquences que peut lui déclencher son traitement. Ce jour-là, elle était contente de nous avoir avec elle. Cela lui a fait plaisir que l'on se déplace avec ma fille pour lui rendre visite. Ce n'est pas grand-chose de faire ce voyage, ne sachant pas ce que l'avenir va nous réserver. Je regrette de ne pas pouvoir être plus présente à ses côtés durant ces moments difficiles.

Nous sommes impuissants vis-à-vis de cette maladie. Et nous ne savons pas trop comment lui remonter le moral, le nôtre étant déjà profondément atteint. Que dire dans ces moments ? On a du mal à parler de choses banales, sachant que la personne en face de nous n'est pas réceptive à nos petits riens de la vie. J'ai peur de l'avenir. Comment tout cela va-t-il finir ? La mort, bien entendu. Comme le dit le proverbe : « Jamais deux sans trois ». Je me demande à présent qui sera la suivante entre ma sœur Chris et moi.

Non ! Il faut que tout cela s'arrête. Nous avons assez souffert depuis ces nombreuses années. Si un Bon Dieu est à notre écoute, il doit nous laisser un peu de tranquillité.

Ce doit être mon père ou ma mère, la troisième personne à toucher sur notre famille. La vie est si injuste de savoir qu'ils sont toujours là, alors que mon frère est déjà parti, et que bientôt viendra le tour de ma sœur. Nous sommes encore jeunes et avons besoin d'être présentes afin de pouvoir voir grandir nos futurs petits-enfants.

Je fais toujours le même cauchemar, enfermée au foyer, sans jamais pouvoir en sortir pour vivre à l'extérieur. Les sœurs me disent qu'il nous faut attendre nos vingt et un ans (âge de la majorité à cette époque) pour pouvoir vivre comme tout le monde. Comment, tant d'années plus tard, cet enfermement nous perturbe encore ? Le jour de son hospitalisation, je sais d'avance que je serai à cran, tant que ma sœur ne m'aura pas appelée pour me donner de ses nouvelles.

Aussi j'ai la hantise qu'elle me cache encore son mal-être par pudeur.

Avant d'aller la voir, une force me disait : « Va la voir, avant la suite du traitement ! »

Que me réserve la suite ? Sophie a eu le courage de venir avec moi. Cela m'a fait plaisir qu'elle m'accompagne. Dans la voiture on a pu parler de choses et d'autres. Cela faisait longtemps que cela ne nous était plus arrivé. Parfois j'ai du mal à lui dire qu'elle me manque, qu'elle est toujours mon petit enfant et que j'ai encore besoin d'elle pour pouvoir continuer mon chemin. J'ai été surprise en rentrant à la maison, même mon chien n'avait fait aucune bêtise, alors que ces derniers temps, il devient de plus en plus perturbé et se venge sur son coussin, sur des choses qui sont à sa portée, on dirait qu'il comprend que je suis en souffrance en ce moment, peut être ressent-il mon mal-être ?

Je ne sais pas ce qu'il pense dans sa petite tête de chien. Malgré toutes ses petites bêtises qu'il me fait, je l'aime toujours autant, sinon plus. J'ai besoin de sa compagnie, de ses petits sauts quand j'arrive à la maison, et de ces léchouilles qu'il me donne sans que je lui demande.

C'est mon compagnon de galère, mon ami à qui je peux confier mes angoisses et mes tourments. Des fois on se rattache à pas grand-chose pour poursuivre son chemin. En ce moment, c'est vers lui que je me tourne quand je ne vais pas bien, il ne me juge pas, et n'attends sûrement rien en retour, à part mes petites caresses et l'amour que je lui apporte. Au boulot, j'ai parfois des angoisses, mais j'évite de parler de mes ressentis à mes collègues de travail. Je n'ai personne vers qui me tourner pour expliquer mon mal-être.

Quelquefois, les clients au téléphone me demandent comment je vais, ils comprennent à ma voix que ce n'est pas un jour positif. Pourtant, j'essaie de ne pas montrer que j'ai des problèmes. Mais depuis toutes ces années, ils ressentent que je ne vais pas bien. Ils essaient de me remonter le moral et je comprends qu'ils tiennent à garder des relations affectives avec moi. Cela me fait un bien fou de savoir qu'ils sont présents à mes côtés dans ces moments difficiles. Heureusement que les gens autour de nous ne sont pas tous égoïstes et qu'ils peuvent parfois nous épauler dans notre combat. Il y a quelques jours, je suis allée à un repas dansant où j'ai passé une soirée épouvantable. Je n'arrivais pas à me divertir en sachant que ma sœur était mal dans sa peau, alors que j'étais avec tous ces gens qui ne savaient rien de ce que je suis en train de vivre. Je sortais de la salle pour pleurer, mais malgré cela j'ai culpabilisé d'être allée à cette soirée alors que je n'avais rien à y faire. Comment arriver à continuer dans les prochains mois à vivre normalement alors qu'autour de moi tout est noir ?

Lorsque je retournerai voir ma psy, que va-t-elle me conseiller ? Je ne veux pas augmenter mes doses de cachets, et pourtant je n'arrive pas à être bien dans ma tête. Je me sens de plus en plus fatiguée, voire désagréable parfois avec mon copain, mais il me faut arriver à ne pas passer à des doses supérieures. C'est vital. Je voulais au contraire diminuer mais cela n'est pas encore le moment pour l'instant ; attendons de voir les prochains mois. Je vais m'inscrire sur Facebook, car ma sœur a fait son inscription sur ce site. Je crois que pour elle c'est plus facile d'écrire que de parler de vive voix. On arrive peut-être mieux à écrire notre histoire par le biais d'internet, car on n'a pas la personne en face de soi ? Et cela permet de se livrer plus facilement à l'autre sans avoir de retour direct. Les paroles s'en vont mais les écrits restent. Peut-être ai-je besoin de conserver et de savoir ce que ressent ma sœur dans ses tourments durant la maladie ? Ses peurs, ses souffrances, et ce qu'elle va pouvoir me dévoiler... Cette année, pas question de prévoir des vacances, il faut rester proche de la famille ; on ne sait jamais. Vivement la rentrée 2012, les mois auront passé et nous saurons mieux ce que les traitements auront donné sur l'état de santé de ma sœur. Sophie prévoit de créer une nouvelle entreprise. Cela nous permettra d'avoir un challenge à relever et de nous battre tous ensemble afin que cette entreprise nous procure du bien-être. Les enfants nous apportent de nouveaux projets, et cela nous permet de continuer de tracer notre chemin. Que d'espoir ! Que du positif, sachant que le négatif est présent avec le cancer de ma sœur. Je dois aussi me battre pour mes deux filles, ma petite famille qui, je l'espère de tout cœur, va continuer à s'agrandir, malgré la dislocation due à ma séparation d'avec leur père.

Karine va bientôt être diplômée. Que du bonheur en perspective ! J'attends ce moment depuis trois ans et le but sera bientôt atteint. Ces trois années qui au début nous semblaient lointaines, ont défilé à vive allure. Cela nous montre que les jours, les mois, les années passent et nous apportent quand même un peu de joie, de bonheur et des résultats pour le travail accompli. Il faut garder l'espoir et savoir prendre les choses en main.

Chapitre 29 - Et maintenant ?

Lorsque ma fille a obtenu son diplôme, nous avons décidé de créer une association sportive. La première année, nous avions 25 adhérents, puis nous en avons compté jusqu'à 110. La seconde année, la municipalité nous a soutenus et le club a financé du matériel. Nous avions des pratiquants en loisirs et en compétition. Dans notre région, notre petit club arrivait à décrocher des places sur les podiums. Les élèves étaient contentes du travail accompli et leur professeur aussi. J'étais présidente de cette association et je mettais tout mon cœur à soutenir autant les entraînements et les compétitions qu'à confectionner des costumes, car chaque année nous préparions deux galas. Un premier avant Noël, afin de montrer aux parents le début du travail et, en fin de saison, un gala à thème pour clore l'année.

Nous avons réussi à tenir cette association jusqu'en 2023, car la période covid nous a fait perdre 30 % d'adhérents. Cette période a été pour moi la meilleure de ma vie. Mais à la suite de cette perte d'adhérents, nous avons été obligés de faire une liquidation judiciaire et ma fille n'a pas pu conserver son poste. Depuis, elle se forme en couture et dans l'accompagnement à la petite enfance. Je pense que la période covid a bien joué son rôle : instabilité, vaccins et j'en passe. J'ai alors replongé dans une grosse dépression, car depuis ma retraite c'était mon échappatoire de donner de la joie aux enfants (chose que je n'ai pas eue).

Mon autre fille qui vit à l'étranger est repartie dans les études, car elle a contracté deux fois le covid et n'a pas voulu maintenir son emploi. Donc elle a demandé à travailler à temps partiel et en même temps elle suivait des cours par visioconférence. Elle a obtenu un diplôme de management et je suis allée à la remise des diplômes. J'étais très fière d'elle.

À l'heure actuelle, je n'ai plus d'activité bénévole, plus de gardes de mes petits-enfants où très peu et un grand vide à l'âge de 64 ans. Je ne sais pas de quoi sera fait l'avenir, mais actuellement je suis un peu perdue. Il me faut retrouver la force d'avancer pour parcourir le temps qui me reste sur cette terre.

Sommaire

Chapitre 1 - Mon père..5

Chapitre 2 - Stratagèmes...13

Chapitre 3 - Abus sexuels..18

Chapitre 4 - Témoins de Jéhovah.............................23

Chapitre 5 - Ce que j'ai vécu avec mon père, *par Chris*..........26

Chapitre 6 - Vie à l'orphelinat...................................29

Chapitre 7 - Le mariage de Chris, *par Chris*...........41

Chapitre 8 - Fanfan..43

Chapitre 9 - Le collège..45

Chapitre 10 - Une nouvelle amie.............................46

Chapitre 11 - Réouverture des blessures................47

Chapitre 12 - Vie de couple, Leo et moi.................50

Chapitre 13 - Ma première fille, Sophie.................57

Lettre de ma fille aînée..66

Chapitre 14 - Ma seconde fille, Karine...................69

Chapitre 15 - Séparation..74

Chapitre 16 - La famille, Dan et Jo..........................75

Chapitre 17 - Donations...77

Chapitre 18 - Le passé refait surface.................................79

Chapitre 19 - Déménagement....................................82

Chapitre 20 - Relances de mon ex..............................85

Chapitre 21 - Ma mère...87

Chapitre 22 - Nouvel vie avec Georges.......................89

Chapitre 23 - Reconstruction......................................92

Chapitre 24 - Visite à Izieu et nouvelle maison de Chris........95

Chapitre 25 - La mort de mes parents........................97

Chapitre 26 - L'incarcération de mon père et ses conséquences..99

Chapitre 27 - Bonne continuation............................106

Chapitre 28 - La maladie de Jo.................................108

Chapitre 29 - Et maintenant ?..................................114

Fille de la DDASS
Imprimé à compte d'auteur par Martine Béguet
Ouvrage relu, corrigé et mis en page par Benoît Houssier
Écrivain Biographe – www.energie-plume.fr
Édition : BoD • Books on Demand GmbH, In de
Tarpen 42, 22848 Norderstedt (Allemagne)
Impression : Libri Plureos GmbH, Friedensallee 273,
22763 Hamburg (Allemagne)
ISBN : 978-2-3225-5609-0
Dépôt légal : Août 2024